창업은 일상이다

김해창업카페
성공스토리

창업은
일상이다

심규진 지음

좋은땅

우리 김해시는 지난 2017년 6월 경상남도 최초로 창업 카페를 개소했습니다. 또한 2019년도부터는 창업 기업과 예비 창업자의 무료 시제품 제작 지원을 위해 메이커 팩토리를 함께 운영해오고 있습니다. 연간 5,000명의 방문자가 오가면서 이미 많은 이들이 창업에 성공했고, 그중 어떤 이들은 더 넓은 무대로 나가 자신의 꿈을 펼쳐나가고 있습니다.

이 책은 김해창업카페에서 벌어지고 있는 평범한 이웃들의 다양한 도전 이야기를 담았습니다. 그리고 창업을 위해서는 반드시 수도권에 가야 한다는 편견을 깨부수고 있습니다. 이러한 현장의 생생한 이야기가 전국 각지에서 창업을 꿈꾸는 이들에게 전파된다면 대한민국의 창업 생태계는 더욱 견고해질 것이라 믿어 의심치 않습니다.

책의 저자는 김해시에서 창업 지원 업무를 담당하고

있는데 스스로가 늘 새로운 도전을 찾아 나섭니다. 이번 책의 출간도 새로운 도전의 한 종류라고 생각합니다. 이 책에는 김해시의 창업 이야기뿐만 아니라 저자의 창업 경험 등 창업 기업에게 도움이 될 만한 꼭 필요한 조언들로 구성되어 있어 아직 창업 경험이 부족한 청년 여러분께 매우 유익한 책이 될 것입니다.

전국에서 창업을 꿈꾸는 예비 창업자, 그리고 더 큰 도약을 꿈꾸는 창업 기업가 여러분!
경상남도 청년 창업의 요람이자 당신의 힘찬 도전을 응원하는 창업 맛집, 김해창업카페에서 여러분의 아이디어를 현실로 만들어보시길 권해드립니다.

창업은 일상이다

와디즈 최동철 부사장(파이낸스 대표이사) 추천사

작가와 알고 지낸 지는 10년이 지났습니다. 제가 이제 막 LG화학에서 근무하기 시작했던 때, 작가는 총학생회장 선거에 나간다며 공약집에 들어갈 추천사를 부탁했습니다. 그리고 얼마 전에는 지역 창업 활성화를 위한 책을 출간한다며 두 번째 추천사를 부탁했습니다. 앞으로 또 어떤 추천사를 부탁해올지 기대가 되고, 저 또한 감히 추천사를 써줄 수 있는 사람이 되어야겠노라며 마음속으로 다짐했습니다. 그가 부탁하는 추천사는 마치 제 인생의 로드맵이 더 빨리 실현되게 만드는 건강한 채찍질이었습니다.

얼마 전 김해시에 내려가서 지역 창업을 지원하는 담당자분들과 김해의생명산업진흥원 입주기업 분들을 만났습니다. 제가 강의를 할 때도 질의응답을 할 때도 끝나고 명함을 교환할 때도 사뭇 진지했던 그들의 눈빛이 기억납니다. 그래서 저도 숨이 찰 정도로 그 시간을 함께했습니다. 저는 이 책이 창업에 대한 뜨거운 열망을 가진 기관 담당자와 예비·초기 창업자 모두에게 인사이트를 제공할 것이라고 생각합니다. 강의는 한순간 듣고 소멸할 수 있지만 책은 두고두고 나침반 역할을 해줄 것입니다. 그리고 지역 창업을 위한 나침반 역할을 할 책에 저도 동참하게 되어 영광이라고 생각합니다.

마지막으로 세 아이를 키우느라 바쁜 와중에도 사명감을 가지고 책을 집필한 작가에게 박수를 보냅니다. 지금껏 10년, 각자의 위치에서 전진했다면 앞으로의 10년은 함께 달려나갔으면 좋겠습니다. 와디즈도 대한민국 창업기업들을 위한 종합 플랫폼으로서 지역 창업 활성화를 위해 필요한 역할을 하고자 합니다. 창업은 일상이고, 삶은 도전입니다. 모두들 '창업'이라는 이름으로 만나 뵐 기회가 있기를 바라며 오늘도 진심으로 건승하길 바랍니다.

프롤로그

김부각 사업을 하실 거라고 손수 부각을 만들어오신 50대 주부.

김해의 숨겨진 관광자원을 발굴하여 체험형 여행업을 하고 싶다던 40대 자영업자.

또 하나의 약국 운영이 아니라 새로운 도전을 하고 싶다던 30대 약사.

졸업 후 취업이 아닌 창업에 도전하여 성공 가도를 달리고 있는 20대 대학생.

수능을 치르고 대학 진학이 아닌 창업에 도전하고 싶다며 침을 튀기며 질문하던 10대 학생.

김해여객터미널 3층, '김해창업카페&메이커팩토리'에는 유례없는 창업 열풍이 일어나고 있다. 남녀노소 관계없이 연간 5,000명 이상의 인원이 이곳에 방문하여 대한민국 창업 불씨를 키워나가고 있다. 필자는 매주 직접 창업 상담을 진행하며 그들의 고민에 해답을 함께 찾아가며 남다른 보람을 느낀다.

김해창업카페는 '창업은 일상이다'라는 슬로건 아래 창업 상담, 교육, 행사, 네트워킹 프로그램을 운영하고 있으며 최근에는 온라인 VR공간 및 메타버스 게더타운 공간을 구축하여 위드 코로나 시대 또한 톡톡히 대비했다.

이를 통해 창업을 하려면 무조건 수도권에 가야 한다는 공식을 타파하고, 김해를 중심으로 新창업 운동을 전파하고자 한다. 여기서 新창업 운동이란 1) 창업은 누구나 도전할 수 있는 것이라는 인식 아래 2) 자신이 관심 있는 영역, 생활 속의 필요 등을 바탕으로 일상 속 창업을 지향하고 3) 창업카페에서 사업계획서를 수립하고 메이커팩토리에서 시제품을 제작하여 4) 빠르게 시장 반응을 확인하고 순조롭게 비즈니스 모델을 수정·보완해 나가는 것을 말한다. 이를 통해 비즈니스 모델은 돈을 벌

어다 줄 것이고, 지역 경제가 살아나고 고용 또한 창출될 것이다.

이 책은 필자가 창업 생태계에 뛰어들었던 경험과 무수한 창업 기업을 만나면서 깨달았던 내용을 바탕으로 김해창업카페 성공 스토리를 정리한 것이다. 창업에 대한 기본 개념부터 지역 성공 창업 기업까지 만나볼 수 있는 기회! 지금 바로 함께 떠나보자!

목차

제1장 Ready Player U 15

제2장 창업, 해봤어?
- 세상을 바꾸는 이야기 35
- 창업 아이템, 고객의 '페인 포인트(pain point)'를
  찾아보라고?! 39
- 창업 아이템을 발견했다면 3가지를 점검하자! 44
- 누구도 말해주지 않았던 '팀 빌딩' 49
- 창업 기회를 포착하는 힘, '정부 지원 사업' 53
- 기업가 정신을 탑재하자 57
- 안녕한 끝을 위한 '엑싯 플랜(exit plan)' 61
- 신뢰가 답이다 64

제3장 Welcome to 김해창업카페

- 김해시에 카페를 오픈했습니다 ················· 71
- 창업은 일상이다 ································· 75
- 김해창업카페, 맛집이 되다 ···················· 80
- 아직도 가야 할 길 ······························· 86

제4장 지역 창업 기업 성공 사례 분석

- 김해의 얼굴을 만나다 ·························· 93
- 예비 창업자의 도전(신혜련, 김제현) ············· 99
- 빅 크리에이티브, '스펠크리에이티브' ··········· 119
- 세상에 없던 음원 서비스, '뮤즐리' ·············· 131
- 마트 털러 출동, '부에노컴퍼니' ················· 143
- 지금까지 이런 육포는 없었다, '김해육포' ········ 155
- 간식에 테마를 입히다, '삼백육십오' ············· 165
- 뷰티의 새로운 역사를 그려가다, '테라프릭스' ····· 177
- 신발에 '찐'인 사람들, '크리스틴컴퍼니' ·········· 189
- 청년 창업 활성화를 위한 로드맵 구상 ············ 201

제 1 장

Ready Player U

강력한 이유는 강력한 행동을 낳는다.

– William Shakespeare –

창업은 일상이다

김해창업카페

창업이 일상이 되는 공간

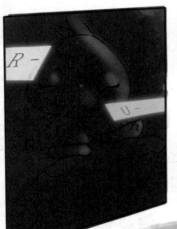

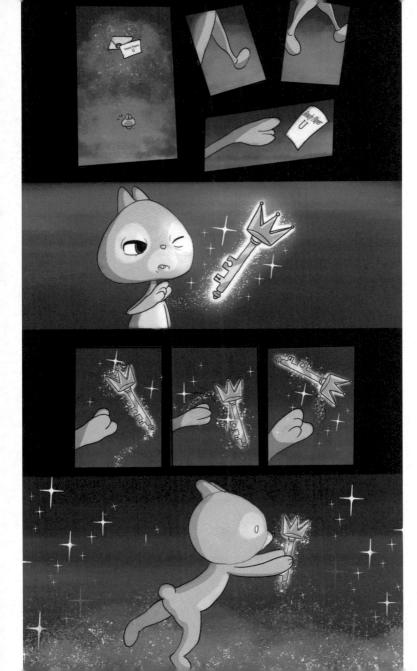

잉? 내가 왜
여기에 왔을까?

띵 -

김해여객터미널 3층
김해창업카페

Ready
Player
U

사업 계획서 작성 교육..?

아 ~ 창업을 준비하는 사람들의 공간이구나!

내가 여기 왜 왔을까? ..

흐음..

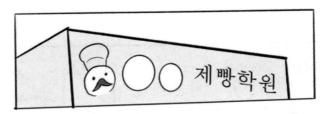

제빵학원

내 마음속에
묻어둔 사업아이템,
당근 케이크.

에이..내가 하긴 좀 그래...
나는 평범하니까

스윽 −

안녕하세요!
저는
김해창업카페에
입주하고 있는
대학생이에요~

김해창업카페에서 창업도 하고
지금은 어느새 직원이 6명이 되었고,
투자유치에도 성공했어요!

나랑 같은
대학생인데,
직원이
6명이고

투자까지
받았다고!?

씨익 —

나라고 가만히 있을 수 없지..

대학공부도
하고,

창업도
해보자!

Ready Player U
시나리오

내 눈앞에 보이는 희미한 메시지. 가까이에 가보니 열쇠가 있다. 무엇을 여는 열쇠일까. 열쇠가 이끄는 대로 발걸음을 옮겼는데 백화점이다. '잉? 내가 여기에 왜 왔을까.' 계속 열쇠를 따라 가보니 3층이었고 엘리베이터가 열리자 또 다시 문자가 보인다.

#김해창업카페&메이커팩토리

여긴 무엇을 하는 곳일까. 반신반의하며 문을 열고 공간 안으로 들어갔는데 누군가 강의를 하고 있다. 또 누군가는 열심히 토론하고 있다. 사업계획서 작성 교육? 그랬다. 여기는 창업을 준비하는 사람들의 공간이었다. 내가 왜 여기에 왔을까...

창업은 일상이다

#Carrot Cake

내 마음속에 묻어둔 사업 아이템, 당근 케이크. 아직 대학 졸업 전이라 내가 무슨 창업이냐며 계속 미루고 있었는데 이참에 세상에 알려지지 않은 당근 케이크로 창업을 해볼까. '에이... 내가 하긴 좀 그래.. 나는 평범하니까...'

'안녕하세요. 저는 김해창업카페에 입주하고 있는 대학생이에요' 저는 대학생인데 창업해서 지금 직원이 6명이며 투자 유치에도 성공했고 (...)

헉. 나랑 같은 대학생인데 직원이 6명이고 투자까지 받았다고???!!! 나라고 가만히 있을 수 없지. 대학 공부도 하고 창업도 해보자!

#창업은 일상이다

창업 데이트(상담) → 창업 교육 → 분야별 전문 멘토링까지 이게 전부 무료! '내가 그때 본 열쇠는 창업의 문을 여는 열쇠였고, 'Ready Player U'는 청년 창업 초대장이었구나!' 창업은 동떨어진 것이 아니라 일상 속에서 우리 모두가 할 수 있는 도전이네. 자, 그럼 당장 당근 케이크 사업계획서를 작성해봐야겠다.

　'심규진 창업지원팀장님~~~ 도와주세요!!!!!!!!!'
　※웹툰은 지역 창업 기업과 아이디어 회의를 통해 제작되었음

제 2 장

창업, 해봤어?

도전은 인생을 흥미롭게 만들며,
도전의 극복이 인생을 의미 있게 한다.

- Joshua J. Marine -

세상을 바꾸는 이야기

포스코 재직 시절, 가까운 지인이 창업해서 재미있는 회사를 운영하고 있었다. '세상을 바꾸는 이야기'라는 슬로건을 내걸고, 세상에 영향력을 발휘하고 있는 연사를 섭외하여 행사를 운영하는 회사였다. 이를테면 「1만 시간의 법칙」 말콤 글래드웰(Malcolm Gladwell)부터 「무한도전」 김태호 PD까지 지역과 분야를 가리지 않고 연사를 섭외하여 고객들에게 티켓을 판매하거나 기업으로부터 운영 자금을 받아 매출을 창출하는 모델이었다.

어느 날 덜컥 회사를 그만두고 '세상을 바꾸는 이야기'

에 동참하게 되었고, 창업 기업의 생태계를 온몸으로 경험할 수 있었다. 시간이 흘러 등기 이사가 되면서 회사 운영에 직접적으로 관여하게 되었는데 건물 임대료, 직원 인건비, 기타 운영비 등 숫자와의 전쟁을 하게 되면서 냉혹한 현실을 뼈저리게 경험했다.

"넌 왜 다양한 회사 중에 스타트업을 선택했어?"

"일이 재미있을 것 같아서요. 회사에서 대부분의 시간을 보내는데 따분하면 인생이 의미 없잖아요."

"그래서 지금 만족해?"

"일이 재밌긴 한데 창업 기업에서 일하는 건 매 순간 전쟁 같다는 생각이 들어요. 누가 책임져주길 기다리기보다는 내가 책임져야 하는 구조랄까. 그게 장점이자 단점 같아요."

그랬다. **창업 기업에서는 즐겁게 일할 수 있는 환경을 제공해주는 대신, 회사의 운영은 다 함께 책임져야 하는 구조였다.** 물론 창업 기업마다 그 수준이 다를 순 있지만, 회사의 내일을 만들고 책임지는 건 대표 한 사람이 아니라 직원 모두인 것이다. 나는 약 5년간 창업 기업에 종사하면서 어디에서도 배울 수 없는 체력을 키웠다. 대기업에서 회사생활의 '맛'을 보았다면, 창업 기업에서는 제대로된 일의 '맛'과 인생의 '멋'을 배울 수 있었다.

"너 요즘 어느 회사 다닌다고 했지?"
"야, 너 포스코 그만두고 지금 이렇게 일하는 거 후회 안 해?"
"너희 회사 연봉, 사내 복지 좀 자랑해봐"

동창회에 참석하는 날이면 어김없이 친구들은 질문을 퍼부었다. 입이 아프도록 설명했지만, 친구들은 미심쩍은 얼굴로 끄덕이는 시늉을 할 뿐이었다. 오히려 내가 말하면서 생각이 정리되곤 했다.

'그래! 나는 지금 남들이 할 수 없는 일을 하고 있어!'
'젊은 나이에 회사 운영에 동참하고 있어!'
'나는 매일 세상을 바꾸는 일에 열정을 쏟고 있어!'

나는 지금도 여전히 나를 창업 기업 운영에 참여시켜 준 지인에게 감사하고 있다. 그래서 아무 이유 없이 그에게 전화를 걸 때가 있고, 그 또한 지방에 있는 우리 집까지 찾아와서 식사하며 과거의 추억을 떠올리며 함께 시간을 보내곤 한다. 내가 만약 창업 기업이 아닌 일반 회사에 평생 다녔다면 언제 세상을 바꾸는 이야기를 만들어 볼 기회를 얻었겠는가. 퇴직 때까지 경험하지 못했을 시간이었다. 분명히.

하고 싶은 일, 즐거운 일, 세상을 바꾸는 일을 하고 싶다면 '창업'에 도전하라고 말하고 싶다. **도전의 과정이 비록 힘들고 그 끝이 안정적이지 못하더라도, 그 시간은 나의 자아가 신명나게 춤추는 시간일 테니까.**

창업 아이템,
고객의 '페인 포인트(pain point)'를
찾아보라고?!

2017년, 국내 최대 크라우드 펀딩 플랫폼 '와디즈'의 멤버로 조인하게 되었다. 창업 기업을 운영해본 경험을 바탕으로 예비 창업자, 초기 창업자 상담은 물론 펀딩 교육도 직접 진행하였다. 하지만 전문성의 한계를 느끼고 퇴근 후 창업 전문 교육을 수강하기 시작했다. 100시간이 넘는 교육을 오프라인으로 수강했고, 실제 창업 기업 컨설팅 결과물을 과제로 제출하는 실습까지 병행했다.

그렇게 공부하면서 알게 된 다양한 개념 중에 **'페인 포인트(pain point)'**라는 것이 있었다. **고객이 겪고 있는 문**

제나 불편한 점을 찾아내서 해결하는 것이 바로 창업 아이템이 된다는 것을 설명하면서 사용하는 용어였다.

'고객의 불만... 페인 포인트라...'

우리의 일상적인 삶을 생각해보자. 회사로 출근해서 일을 하고 퇴근 후 가정에서 휴식을 취한다. 때때로 마트로 가서 장을 보거나 취미생활을 즐긴다. 이러한 평범한 일상 속에 사람들이 불편해할 만한 것을 고민하고 생각해서 그것을 창업 아이템으로 구상하는 것은 정말 비현실적이지 않은가. 이런 식의 창업 교육은 잘못되었다고 생각한다. 창업 아이템 발굴은 보다 쉽고, 현실적이어야 한다. 즉, 고객의 페인 포인트가 아니라 나의 일상생활의 관심사를 먼저 들여다보는 것이 그 시작이 되어야 한다.

나는 총 7번의 퇴사 경험이 있고, 대기업, 중견 기업, 사단 법인, 공공기관 등 다양한 종류의 회사에 재직해본 경험이 있다. 아울러 인사(HR) 업무를 4년 이상 했으니 나의 관심사는 '퇴사'다. 그래서 사람들의 현명한 퇴사를 돕는 플랫폼을 실제로 구상하고 있다. 퇴사 사유를 점검하고, 현 조직에서 퇴사하지 않고 해당 문제를 해소하는

창업은 일상이다

방법을 함께 고민하며 이 부분에 대해서 실제로 상담할 수 있는 분야별 전문가를 매칭해주는 서비스다. 요즘에 다양한 프리랜서 플랫폼이 등장했지만 퇴사·이직만을 전문으로 하는 플랫폼은 아직 없다.

얼마 전, 예비 창업자를 대상으로 상담을 하고 있는데 어떤 한 분이 다양한 종류의 부각(튀각)을 실제로 만들어 오셨다. 그러면서 자신은 요리를 좋아하고, 이 부각은 시중에 유통되는 부각과는 차별화된 건강식 부각이라며 내게 맛을 선보이셨다. 그리고 이 아이템으로 창업을 하려면 어떤 단계를 거쳐야 하는지 물으셨다.

다른 한 분은 헬스장을 운영하시는데 코로나19 시대에 걸맞은 24시간 무인 헬스장을 구상하고 계셨다. 발열 체크를 해야 출입문이 열리고, 실내는 지속적으로 자동 방역이 이루어지는 시스템을 개발하겠다는 것이었다. 구체적인 사항은 조금 더 고민이 필요하지만 이러한 아이디어로 창업 지원금을 받으려면 어떻게 해야 하는지 내게 방법을 물으셨다.

또한 약사님이 상담을 하러 오신 적이 있었다. 시중에

피임과 관련된 정보를 전문적으로 제공해주는 플랫폼이 없는데, 자신이 약사니까 한번 만들어보고 싶다고 하셨다. 하지만 자신은 육아를 병행해야 하는 상황이라 창업에 접근하려면 어디서부터 어떻게 해야 하는지 현실적인 조언을 해달라고 하셨다.

이렇듯 **창업 아이템의 출발은 개인의 관심사(interest)로부터 시작한다.** 물론 배달 음식을 시킬 때의 불편함을 해소해야겠다는 생각으로 '배달의 민족'이라는 플랫폼이 탄생한 사례도 있다. 하지만 이 또한 창업자가 배달 음식에 대한 관심이 없었다면 가능한 일이었을까. 어쩌면 본인이 보다 쉽게 내가 거주하고 있는 지역의 배달 맛집을 알고 싶어서 구상한 아이템이 아니었을까.

네덜란드 사학자 요한 하위징아의 「호모 루덴스(2018)」에서는 우리는 본디 놀이하는 인간이라고 말하고 있다. 또한 그는 놀이는 자발적 행동 혹은 몰입 행위라고 정의했다. 우리가 항상 노동의 굴레에서 벗어나지 못하다보니 모든 것을 어렵게 생각하는 경향이 있는 것 같다. 나는 요한 하위징아의 생각을 창업 아이템 발굴에 적용해보았다.

1. 하루 중 나의 관심사는 무엇일까?

2. 일상생활 속에 내가 즐거운 순간은 언제인가?

3. 혹시 내가 좋아하면서 잘하는 것이 있을까?

　우리는 나의 관심사, 좋아하는 것을 상상하면 자연스럽게 즐거워진다. 이렇듯 창업의 시작은 마치 놀이처럼 즐거워야 한다. 이제 더 이상 '창업 아이템은 고객의 페인 포인트로부터 출발한다'라는 식의 거창하고 비현실적인 이야기는 안 했으면 좋겠다.

　내가 생각하는 창업 아이템 발굴 프로세스는 총 3단계(13)다. 나의 관심사를 먼저 파악하고 이를 통해 아이디어를 구상하고, 나아가 해당 아이디어의 쟁점을 분석해보면 된다.

　자, 그렇다면 창업 아이템으로 최종 선정할 때 우리는 무엇을 고려해보는 것이 좋을까.

창업 아이템을 발견했다면
3가지를 점검하자!

개인의 관심사가 창업 아이템(아이디어)으로 발전하게
되면 반드시 점검해야 할 것이 있다. 무턱대고 창업을 하
면 시간 낭비는 물론 금전적 피해도 상당할 것이기 때문
이다.

첫째, 유행에 현혹되면 안 된다. 너도나도 창업하는 분
야라면 그만큼 경쟁도 치열하고 이미 진입 장벽도 높은
상태일 것이다. 최근에 만난 예비 창업자, 초기 창업자
10명 중에 7명은 플랫폼 사업을 할 거라고 해서 깜짝 놀
랐다. 우아한형제들의 배달의 민족 플랫폼이 성공하고
연달아 당근마켓, 마켓컬리 등이 화제가 되면서 플랫폼

을 쉽게 생각하는 경향이 있는 것 같다. 하지만 실제로 플랫폼이 공급자, 수요자 기반으로 제대로 작동하기까지는 상당한 노력과 투자가 필요하다.

"대표님, 플랫폼의 공급자는 어떻게 유입시킬 예정인가요?"

"대표님, 수요자를 유입시키기 위해서는 플랫폼을 잘 홍보해야 하는데 전략이 있는지요?"

"대표님, 플랫폼 운영을 통한 수익 모델은 무엇인가요?"

플랫폼 사업을 하겠다는 분들께 기본적으로 하는 질문인데 대부분 위 질문에 막히거나, 대답을 하더라도 계획이 불충분한 경우가 많다. 내가 계속 이런 이야기를 하는 이유는 요즘 플랫폼이 유행한다고 해서 해당 사업 영역이 쉬운 것은 아니라는 것이다. 또한 플랫폼 사업자들은 대부분 앱 서비스를 하고 있는데 구체적으로 어떤 기능으로 어떻게 작동할지에 대해서 구상을 하지 않는 경우가 많다. 정말 관심 있는 분야고 아이디어까지 구상했다면 흰 종이에 그려서라도 시제품(prototype)을 만들어볼 것을 권한다. 누군가에게 쉽게 설명할 수 있는 수준이 되고 상대가 이해한다면 일단 발전시켜볼 만하다.

둘째, 타이밍이 중요하다. 최근 메타버스가 화두가 되면서 관련 기업이 우후죽순으로 생겨나고 있다. 물론 이러한 상황일지라도 차별화 전략만 있다면 메타버스 기업 창업에 도전하는 것도 의미 있다. 하지만 일반적으로 새로운 아이템에 도전하면(분야에 따라 조금씩 차이가 있겠지만) 정식 출시를 위해서 6개월 정도는 걸린다. 특히 메타버스 분야는 새롭게 플랫폼을 개발하려면 막대한 인력과 비용이 투입되어야 한다. 그렇다면 내가 구상 중인 아이디어가 약 1년 뒤에도 유효할 것이며 이미 시장에 진출한 기업들과 경쟁할 수 있을지 냉정하게 생각해볼 필요가 있다.

예비 창업자 한 분이 AR 기술을 접목한 게임을 개발하고 싶다고 나를 찾아왔다. 이야기를 들어보니 재미있을 것 같았지만, 2017년도에 포켓몬고가 출시되면서 이미 유사한 게임들이 너무 많고 최근에는 비트코인을 채굴하는 AR 게임까지 탄생한 상황이다. 게임 콘텐츠에 대한 확실한 차별성이 없다면 높은 진입 장벽 때문에 성공하기 어려울 수 있다.

> O2O 비즈니스 → 공유 경제 → 핀테크 →
> 빅 데이터·자율 주행 → 메타버스·NFT

창업은 일상이다

이 표와 같이 시기마다 시장에서 각광받는 아이템이 있다. 유행에 현혹되면 안 되겠지만 이미 뒤처진 상태에서 유사한 사업에 도전하려는 것 또한 위험하다. '그럼 대체 어쩌란 말이냐'라고 말할 수 있다. 하지만 트렌드의 변화에 따라 고객의 니즈 또한 변하기 때문에 우리는 타이밍 또한 생각하지 않을 수 없다.

셋째, 피드백은 친구가 아닌 제3자에게 받자. 창업 상담을 하다 보면 순수한 눈빛으로 이렇게 말하는 분들이 많다.

(긍정적)

"주변에 제 아이템을 설명했더니 대박이래요"

"제가 만나는 사람마다 설명 중인데 반응은 일단 뜨겁습니다"

"제 친구는 돈만 있으면 제게 투자하고 싶다고 하더군요"

(부정적)

"제 아이디어가 말도 안 된다고 하는데... 어떠세요?"

"이게 될까요? 별로라고 하는 분들이 많아서..."

창업 아이템에 대한 피드백을 주변에서 받으면 아주 긍정적이거나 그 반대인 경우가 대부분이다. 가까운 사람일수록 객관적인 평가를 하기가 어렵고, 이는 곧 극단적 긍정 또는 부정으로 이어지게 된다. 피드백을 잘 받을 수 있는 가장 교과서적인 방법은 설문 조사지를 간단하게 만들어서 100명 정도의 예비 고객에게 물어보고 그 결과를 정리하는 것이다. 크라우드 펀딩이 창업 기업의 데뷔 무대라고 불리는 이유는 온라인을 통해서 창업 아이템을 불특정 다수로부터 최대한 객관적으로 피드백 받을 수 있기 때문이다. 또한 초기 시작을 위한 필요 자금도 유치할 수 있기 때문이다.

자신이 구상한 창업 아이템은 언젠가 금은보화가 될지도 모른다. 금은보화의 새싹과도 같은 아이템을 정성을 쏟아 피드백 받아보자. 당장 설문 조사지 만들기도 막막하고 물어볼 사람이 없다면 내게 이메일로 보내주면 최대한 합리적인 피드백을 해드릴 의향이 있다. 나는 매일 귀한 창업 아이템을 만나고 싶은 열망이 있기 때문이다.

누구도 말해주지 않았던 '팀 빌딩'

일이 되게 하려면 사람이 필요하지만, 우리 회사에 꼭 맞는 팀원을 찾기란 쉽지 않다. 처음은 대부분 혼자 시작할지라도 결국엔 나의 일을 대신할 사람이 아니라 '내가 할 수 없는 일을 대신 해줄 전문가'가 필요하다. 그렇다면 과연 나와 함께 일할 동료를 어디서 만날 수 있을까?

초기 스타트업을 운영할 때 다양한 모임에 참석했었다. 이를테면 IR 데모데이, 스타트업 네트워킹 파티, 그리고 지원 사업 종료 시 마련된 회식 자리까지도. 동일한 생태계에서 다양한 사람들을 만나다 보면 바로 옆자리에서 같은 공기를 마시고 싶은 사람이 생기기 마련이다. 그렇게 Co-Founder(공동 창업자)를 만나는 경우도 있고, 부서에서 함께 일할 팀원을 채용하는 경우도 많다. 또한 채용에 도움을 주는 채널(원티드, 로켓펀치, 사람인 등)을 관리하는 것은 물론 좋은 사람을 추천해준다는 헤드헌터와도 두터운 관계를 형성하는 등 '내 사람 만나기'에 상당한 에너지를 쏟는다.

그렇게 출신도 성향도 직무도 다른 사람들이 한 공간에 뭉치면 어떻게 될까. 초반에는 서로에 대한 호기심 때문에 즐거운 시간을 보낼지언정 일을 하다 보면 이해관계가 얽히고 가치관이 달라서 싸우는 경우가 허다하다.

"이걸 왜 제가 해야 하죠?"
"제 생각과는 전혀 다르네요."
"그때까지는 절대 할 수 없어요. 일의 우선순위를 다시 생각해 보시죠."

개별적으로 보면 다들 역량도 뛰어나고, 성품도 좋은데 왜 마찰이 생기는 것일까. 이유는 간단하다. 개인마다 추구하는 가치관이 다르기 때문이다. 태생적으로 회사는 교회가 아니기 때문에 늘 평화롭고 화합의 분위기 속에서 일할 수는 없다. 하지만 어느 정도의 원칙을 정하고 그 원칙에 동의하는 사람들을 채용하고 관리한다면, 어느 수준까지는 평화로운 근무환경을 조성할 수 있다.

< 부에노컴퍼니 일하는 방식 >

1. 일을 더 효율적으로 할 수 있는 방법과 전략을 세운 뒤 업무에 착수합니다.
2. 팀원 간 프로젝트 로드맵을 공유하여 일의 시작과 중간, 끝을 보며 일합니다.
3. 업무 자료는 상대방이 빠르게 파악할 수 있도록 명쾌한 문장으로 작성합니다.

(...)

10. 차를 내오고 컵을 씻는 것은 결코 작은 일이 아니며, '누군가'의 일도 아닙니다.

제4장 지역 창업 기업 성공 사례 분석에서 '부에노컴퍼니'라는 회사를 인터뷰했다. 그러면서 알게 된 이 회사만의 일하는 방식이 있었는데 이걸 보자마자 '이 회사는 팀빌딩이 잘 되겠구나'라는 생각을 했다. 초기 창업 기업이지만 그들이 지향하는 인재상이 있었고, 그에 따라 일하

는 방식 또한 생각보다 구체적이었다.

　단순히 좋은 인재 확보에만 급급한 나머지 우리 회사의 문화와 전혀 맞지 않는 사람을 채용한다면, 회사와 구직자 모두 불행해질 수밖에 없다. 소규모의 스타트업이지만 항상 팀 빌딩을 고려하여 우리 회사의 원칙과 조직 문화에 걸맞은 사람을 채용하기 위해 노력해야 한다. 만약 아직 우리만의 원칙, 조직 문화가 없다면 「기업문화 오딧세이(신상원 저)」라는 책을 꼭 한번 읽어볼 것을 추천한다.

창업 기회를 포착하는 힘, '정부 지원 사업'

지금 만약 '정부 지원 사업'이라는 단어가 익숙하지 않다면 지금부터 하는 이야기를 초집중하길 바란다. 최초 창업할 때 넉넉한 자금을 바탕으로 안정적으로 창업하는 사람은 몇이나 될까. 10명 중에 9명은 자금 조달의 악몽에 시달리며 하루하루를 버티는 것이 일반적이다. 하지만 다행히도 대한민국에서는 창업 생태계를 활성화하기 위해서 '정부 지원 사업'을 실시하고 있으며 이것은 말 그대로 '정부가 예비 또는 창업 기업을 위해 자금을 지원하는 사업'을 말한다.

하지만 누구나 버튼을 누른다고 해서 정부에서 창업 지원금을 주지 않는다. 정부 이하 지방자치단체, 유관기관에서는 일정한 기준과 다양한 방식의 심사를 통해 '선별'하여 지원하고 있다. 적게는 1~2천만 원에서 많게는 1억 원까지 차등해서 지원하는데 내가 만난 대다수의 성공 기업은 이 정부 지원 사업을 적절히 잘 활용하여 성장의 발판으로 삼았다. 정부 지원 사업은 보통 신청 대상 연령, 아이템, 업력 등에 따라 종류가 달라지며 1차 서면 평가를 통과하면 2차 대면 평가를 통해 신청 대상자가 결정된다. 필자 또한 과거 시제품 제작 지원 사업, 인건비 지원 사업 등 다수의 지원 사업 선정을 통해 위기를 넘긴 적도 있고, 새로운 기회를 발굴하기도 했다.

이러한 지원 사업은 **창업진흥원에서 운영 중인 K-START UP**(https://www.k-startup.go.kr) **온라인 포털을 통해 종합적으로 확인**할 수 있으며 사업화 자금 > R&D 자금 > 기타 교육 및 멘토링 등 이러한 순서의 비율로 자금을 지원한다. 필자가 속한 김해의생명산업진흥원에서만 해도 1인 창조기업지원센터, 중장년기술창업센터, 김해형 창업사관학교를 통해서 사무 공간, 시제품 제작 지원, 교육 및 멘토링, 네트워킹을 지원하고 있으며 제3장에서 소개할 김해창업카페에서는 예비 창업자를 위한 교육 및 멘토링, 시제품 제작부터 창업 기업의 성장 지원까지 원스톱 서비스를 진행하고 있다.

창업에 대한 막연한 꿈이 있는 사람이 실제 도전하는 계기는 무엇일까. 어렴풋이 알고 있었지만 이번에 책을 집필하면서 10개 기업을 집중 인터뷰한 결과, 바로 '정부 지원 사업'이라는 것을 명확히 알게 되었다. (이 부분에 대해서는 '제4장 지역 창업 기업 성공 사례 분석'을 참고하길 바란다.) 그렇기 때문에 창업 자금이 지방을 중심으로 더 많이 지원되어야 한다고 생각하며 수도권에 집중된 창업 관련 기관, 지원금이 지방으로 일부 분산되는 순간, 그와 관련된 기업과 청년이 함께 움직일 것이라고 믿는다.

< 정부 지원 사업 관련 기관 소개 >

구분	산하기관	홈페이지
중소벤처 기업부	창업진흥원	https://www.k-startup.go.kr
	중소벤처기업 진흥공단	https://www.kosmes.or.kr
	소상공인진흥 공단	https://www.semas.or.kr
	중소기업기술 정보진흥원	https://www.smtech.go.kr
문화체육 관광부	한국콘텐츠 진흥원	https://www.kocca.kr
	한국출판문화 산업진흥원	https://www.kpipa.or.kr
과학기술정보 통신부	한국데이터산업 진흥원	https://www.kdata.or.kr
	정보통신산업 진흥원	https://nipa.kr
산업통상 자원부	한국산업기술 진흥원	https://kiat.or.kr

창업은 일상이다

기업가 정신을 탑재하자

창업 기업을 지원하는 업무를 하다 보니 결국 '투자' 영역까지 고민하게 되었다. 아무리 좋은 아이템이라도 자금이 없으면 분명 사업화의 한계에 부딪히게 된다. 현재 대한민국 소셜 커머스 시장을 리딩하고 있는 쿠팡 또한 투자금이 없었다면, 오늘의 쿠팡은 전혀 다른 모습일지도 모른다. 근데 중요한 것은 모든 창업 기업이 쿠팡처럼 시작하고 성장할 수 없으므로 '마음이 넉넉한 투자자'가 필요하다. 우리는 이들을 '엔젤투자자'라고 부르며 대한민국에는 엔젤투자자를 양성하고 초기 기업의 자금을 지원하는 단체가 있는데 바로 '한국엔젤투자협회'다.

엔젤투자협회의 존재를 알게 된 후 우리 김해시에 협회장님을 모시고 포럼과 특강을 개최하고 싶다는 생각을 했다. 그래서 고영하 회장님께 이메일을 드렸고 전화 통화를 했으며, 서울로 가서 우리의 상황을 직접 설명해 드리면서 방문을 요청드렸다. 그렇게 '스타트업 인사이트 (Start-up Insight)'라는 이름으로 행사를 개최하게 되었고, 나는 무대 옆에 쪼그리고 앉아 고영하 회장님의 특강을 필기하면서 경청했다.

"여러분, 1인 기업이라도 기업가 정신이 필요합니다."
"기업가 정신이 없는 스타트업은 분명 한계에 부딪힙니다"

뭐? 1인 기업도 기업가 정신이 필요하다고? 당장 내일 회사가 어떻게 될지도 모르는 상황인데 기업가 정신을 고민할 시간이 있을까? 하지만 회장님이 말씀하신 것은 **처음에 다짐한 기업가 정신이 회사의 가치가 되고, 그 가치는 또 하나의 회사가 아닌 유일한 회사로 만드는 지름길이라는 것이었다.**

미국에 Nebraska Furniture Mart라는 가구점이 있는

데 창업자는 **'싸게 팔고, 진실을 말하고, 뒷돈을 받지 마라'**라는 신념이 있었다고 한다. 이러한 신념을 바탕으로 해당 가구점은 미국 최대의 가정용 가구점이 되었는데, 중요한 것은 창업자가 단돈 500달러로 사업을 시작했을 때부터 이 신념을 강조했고, 신념은 회사의 가치가 되었다는 것이다.

창업을 준비하고 있거나 이미 창업을 했더라도 사업을 대하는 가치관, 태도에 대해서 진지하게 고민해볼 필요가 있다. 만약 동네 어디에서나 볼 수 있는 또 하나의 회사를 운영할 계획이라면 기업가 정신은 지금 당장 휴지통에 버려도 되지만, 그렇지 않다면 지금 바로 책을 덮고 '기업가 정신'에 대해 고민해 봐도 좋을 것 같다.

창업 기업을 위한 종합 지원 플랫폼으로 도약하고 있는 와디즈의 첫 번째 원칙이 있는데, 개인적으로 정말 멋있다고 생각한다.

'우리는 옳은 일을 합니다.'

회사 내부적으로 주요 의사 결정 시 항상 저 첫 번째

원칙이 적용된다고 한다. 옳은 일이 아니라면 아예 시작
조차 하지 않고, 하고 있던 일이라도 옳은 일이 아니라면
과감히 버릴 수 있는 용기. 바로 이러한 것이 진정한 기
업가 정신이 아닐까.

안녕한 끝을 위한
'엑싯 플랜(exit plan)'

시작이 있으면 끝도 있어야 하는 법. 창업 기업의 '안녕한 끝'은 무엇일까. 업계에서는 이를 두고 '엑싯'이라고 표현하는데 엑싯(Exit)은 기업 공개(IPO) 또는 인수 합병(M&A) 등을 통한 창업자의 출구 전략을 의미한다. 즉, 기업을 상장하거나 파는 것이다. 요즘에는 정부 지원 사업을 신청할 때도 기업의 엑싯 플랜을 작성하도록 가이드하고 있다. 통계적으로 보면 IPO를 통한 회수 금액의 규모가 M&A를 통한 회수 금액 대비 약 6배인 점을 고려했을 때 왜 국내에서 엑싯 플랜으로 IPO를 선호하는지 알 수 있다.

액싯은 대표자와 투자자 모두에게 금전적 이익을 가져다주지만 단순히 그것 때문에 지금 이 책에서 액싯을 강조하는 것은 아니다. 오히려 액싯에 대한 전문적인 지식은 관련 도서, 유튜브, 블로그에서 더 자세히 설명하고 있을 것이다. 필자가 말하고 싶은 건 액싯에 대한 깊이 있는 고민을 한 자만이 그 이후의 삶도 영예로울 수 있다는 것이다.

약 6년 전, 모 대표의 특강을 들으면서 신선한 충격에 빠진 적이 있다. 본인은 이전에 설립한 회사를 액싯하여 평생 먹고 살 돈을 벌었다고 했다. 2세까지도 넉넉하게 먹여 살릴 수 있을 돈이라고 했는데, 본인이 요즘 즐거운 이유는 단순히 '돈' 때문이 아니라고 했다. 회사를 처분하기 전 구상해 둔 또 다른 '창업 아이템'으로 새로운 도전을 할 생각에 밤잠을 설친다고 고백했다. **돈이 아니라 새로운 도전에 설레는 인간, 창업 기업 대표자라면, 지향해야 할 자아의 본원적 모습이 아닐까.**

창업 기업 대표자의 하루는 매우 바쁘다. 눈 떠서 앞만 보고 달리다가 이불을 덮고 잠을 청할 때까지 다양한 의사 결정으로부터 시달리는 게 일상이다. 그럼에도 불구하고 시간을 칼로 자르듯이 똑 떼어 엑싯을 계획해야 한다. 그리고 이것은 '선택권'이 있을 때 반드시 준비해야 한다.

신뢰가 답이다

예비·초기 창업자라면 온라인 자금 유치 방법인 '크라우드 펀딩'에 대해서 모두 알고 있을 것이다. 그리고 국내에서 크라우드 펀딩 시장을 압도적으로 리딩하고 있는 회사가 있는데 바로 '와디즈'다. 좋은 인연이 되어 2년간 와디즈에서 인사(Human Resource)를 담당한 적이 있었는데 당시 신혜성 대표님께서 「신뢰가 답이다(켄 블랜차드 외, 2013)」라는 책을 소개해 주셨다.

MISSION

올바른 생각이 신뢰를 바탕으로 성장하는 세상을 만듭니다

와디즈의 미션에는 '신뢰'라는 단어가 포함되어 있는데, 미션은 곧 회사의 존재 이유이므로 인사담당자로서 '신뢰'에 대한 남다른 고민이 필요했었다. 이 책은 업무 환경에서 어떻게 신뢰를 쌓고 유지할 수 있는지 ABCD 모델로 제시하고 있었는데, 현재 창업 기업을 운영하고 있거나 운영할 예정이라면 이 모델을 적용해보면 좋을 것 같아 소개해보려고 한다.

A: '능력 있는 Able' 존재라는 걸 행동으로 보여라(31쪽)

그렇다. 창업 기업은 결국 일(아이템)을 통해 이윤을 창출해야 하므로 누군가로부터 신뢰를 얻기 위해서는 먼저 '능력'을 갖춰야 한다. 내가 하고 있는 일이 누군가에게 신뢰를 줄 수 있는지 여부의 첫 단추는 '능력'이기에 지금 당장 자신과 회사를 돌아보길 바란다. 신뢰 형성을 위한 첫 단추가 잘 갖춰졌는지 말이다.

B: '진실되게 믿을만한 Believable' 존재라는 걸 행동으로 보여라(39쪽)

능력 있는 회사·존재라는 것을 보여줬다면 이제는 진실되게 믿을 만한 존재라는 걸 보여줘야 한다. 이를 위해서는 항상 정직과 공정함을 바탕으로 행동해야 하며 신뢰를 쌓기까지는 시간이 필요하다.

(신용) "내일 오후 2시까지 요청하신 자료 반드시 보내 드릴게요."

(인정) "그 부분은 저희가 실수했습니다. 앞으로 이런 일 없도록 하겠습니다."

(존중) "제 생각과 다르지만 좋은 의견이라고 생각해요."

창업 기업을 운영하면 우리는 항상 신뢰의 줄타기를 하게 된다. 자칫 한순간 잘못 판단하면 신뢰는 물거품으로 증발할 수 있으니 매사에 신중할 필요가 있다. 능력을 갖췄다면 시간을 두고 상대에게 진실되게 믿을만한 기업이라는 것을 보여주자.

C: 서로가 '연결된 Connected' 존재라는 걸 행동으로 보여라 (47쪽)

능력, 진실됨을 보여줬다면 그다음 필요한 것은 무엇일까. 바로! '연결됨'이다. 즉, 신뢰는 서로 오가야 하는 개념이라는 것이다. 혼자서 상대를 신뢰한다고 끝나는 것이 아니라 상호 연결됨을 행동으로 보여줘야 한다. 상대의 이야기를 경청하거나 상대의 노력을 칭찬한다면, 우리는 연결되어 있음을 느낄 수 있다.

어느 날 모 대표님이 자신이 처한 상황을 진술하게 털어놓으며 내게 조언을 구한 적이 있다. 속으로 '이런 이야기까지 나한테 해도 되나?' 할 정도로 본인의 치부도 드러나는 뼈아픈 이야기였다. 평소 나도 대표님을 신뢰하고 있던 터라 대표님이 그날 내게 조언을 구하는 순간 말로 표현하기 힘든 연결됨을 느꼈다. 나보다 나이도 많고, 경험도 많으셨지만 '자신을 감추지 않고' 충고와 조언을 부탁했기에 우리는 연결된 존재로 인식될 수 있었다.

D: '지속적으로 믿을 만한 Dependable' 존재라는 걸 행동으로 보여라(55쪽)

마지막으로 지금까지 언급한 신뢰 구성 요소들이 지속적으로 유지될 수 있도록 신용을 지켜나가면 된다. 신뢰를 쌓는 것은 장기 마라톤이지만 신뢰를 잃는 것은 찰나기 때문에 일관된 모습으로 자신의 행동에 책임을 진다면 우리는 분명 신뢰할 수 있는 사람으로 인식될 것이다.

사회생활은 혹독하고 사업은 계산적이지만, 때때로 평

소 쌓아둔 신뢰 덕분에 불리한 상황에서도 드라마틱한 역전을 맛본 적이 있다. 회사도 생존해야 하고 할 일도 많은데 무슨 놈의 신뢰 타령이냐고 반문할 수 있다. 만약 1년 정도 창업을 경험하려면 신뢰를 땅속에 묻어둬도 되지만 언젠가 위대한 기업을 만들어보겠다는 꿈이 있다면 반드시 신뢰에 대해서 고민해보길 바란다. 이왕이면 내가 소개한 켄 블랜차드의 ABCD 모델을 생각하면서 말이다.

제 3 장

Welcome to
김해창업카페

'아이디어가 창업으로',
세계적인 기업이 김해에서 탄생할 것이다

김해시에
카페를 오픈했습니다

김해시에서 카페를 창업했냐고? 아니다. 제1장 Ready Player U 웹툰으로 잠시 소개한 김해시의 창업 지원 공간, '김해창업카페'를 조금 더 구체적으로 소개해보려고 한다. 2017년에 최초 개소한 창업카페는 김해여객터미널 3층의 200평 공간에서 예비 창업자·초기 창업자를 대상으로 창업 상담, 교육, 멘토링, 사업화 자금을 지원하고 있다. **이곳에는 연간 5,000명이 방문하고 있으며 청소년부터 노년층까지 정말이지 다양한 분들의 창업 아지트가 되었다.**

• <김해창업카페 VR 평면도>

타지역에도 ×××플랫폼, ooo허브, △△△타운 등과 같이 창업카페와 비슷한 공간이 많이 있다. 시대의 흐름에 발맞추어 공간명을 세련되게 작명했지만 나는 앞으로도 계속 '김해창업카페'를 고집하려고 한다. 물론 내게 최종 의사 결정 권한은 없지만 고집하는 이유는 분명하다. **'창업카페'라는 공간명이 사람들 마음의 진입 장벽을 낮추기 때문이다.**

'어? 뭐지? 커피 파는 곳인가?'

'카페 창업하고 싶은데 상담이나 받아볼까?'

'무료로 편하게 쉴 수 있는 공간인가 보다'

실제로 이곳 김해창업카페에서 커피 머신이 설치되어 있어 무료로 커피를 제공하고 있으며, 창업 상담 시 전 분야에 대한 기초 상담을 진행하기 때문에 카페 창업에 관한 부분도 조언해드리고 있다. 그러면서 자연스럽게 어떻게 창업할 수 있는지, 정부 지원금은 어떻게 받을 수 있는지, 그러기 위해서는 어떤 교육을 받아야 하는지, 필요한 자금은 어떻게 확보할 수 있는지 깨닫는 경우가 많다.

여전히 지역에서는 창업을 하고 싶은데 어디서부터 어떻게 시작해야 할지 모르는 분들이 많기 때문에 누구나 언제든지 김해창업카페에 방문하면 도움을 드리고 싶은 것이 담당자의 마음이다. 지금은 김해시를 넘어 창원시, 진주시, 밀양시 등 경상남도 전역에서 이곳 김해창업카페를 찾고 있으며 이미 창업을 한 분들 중에서도 보다 더 큰 성장을 위해 김해시에 뿌리를 내리는 경우도 있다.

2017년 개소 이후 차츰 김해창업카페는 창업하기 좋은 맛집으로 성장하고 있으며 책 후반부에는 김해시에서 창업에 도전한 예비 창업자, 어느덧 성공 가도를 달리고 있는 초기 창업자를 소개해보려고 한다. 창업 개념과 이론을 소개하는 책은 정말 많지만 현장의 생생한 스토리가 정리된 책은 드물기 때문이다. 더욱이 수도권, 해외 우수 기업 사례는 많지만 이렇게 지역에서 도전하고 있는 창업 기업의 사례는 찾아보기 힘들다.

「창업은 일상이다」 출간 이후 지역을 대표하는 다양한 창업 우수 사례집이 발간되길 희망해 본다.

창업은 일상이다

스타벅스

'인간의 정신에 영감을 불어넣고 더욱 풍요롭게 합니다.'

이디야

'Always Beside You, 언제나 당신 곁에 함께 합니다.'

빽다방

'합리적인 커피 문화를 만들어갑니다.'

내가 평소에 자주 방문하는 커피 전문점이자 대한민국에서도 점유율이 높은 커피 브랜드의 비전을 찾아본 적이 있다. 하나같이 그들이 추구하는 방향에 맞게 직원들과 방문자들에게 통찰력을 주는 문장이었다. 그렇다면, 이곳 김해창업카페에도 비전이 있어야 한다고 생각했다. 김해시의 특성과 창업카페의 방문자들을 분석한 결과 **'창업은 일상이다(Life is Start-up)'**라는 비전을 떠올렸다.

이곳은 전 연령층이 방문하는 공간이자 직장생활을 하면서도 새로운 창업 아이디어가 있다면 언제든지 이야기 나누어 볼 수 있는 공간이기 때문이다. 또한 이미 성공한 다양한 창업자들의 이야기를 편하게 들으며 나의 일상에 변화의 계기를 마련할 수도 있다. 내가 생각한 창업은 일상 속에서 발견한 아이템으로 교육 및 멘토링을 통해 실제 창업에 도전하는 것이었다. 대단하고 멋진 아이템을 쫓는 것은 신기루와 같지만, 나의 일상이 속삭이는 아이템은 분명하다고 생각하기 때문이다.

'창업은 일상이다'라는 비전을 수립한 후 함께 일하는 동료들과 비전체계도에 대한 토론을 했다. 이것은 곧 지역 창업 지원 공간 비전 및 운영 모델 수립으로 이어졌고, 2021년 12월에 한국저작권위원회를 통해 어문·기획안 분야로 저작권 등록을 마쳤다.

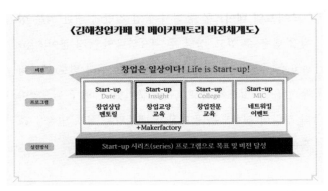

• <지역 창업 지원 공간 비전 및 운영 모델 수립(저작권 C-2021-057517호)>

모름지기 카페라면 시그니처(signature) 메뉴가 있어야 하기에 비전체계도 수립을 통해 김해창업카페의 대표 메뉴(프로그램)를 다음과 같이 정리했다.

① 부담 없이 연락줘! '**스타트업 데이트(Start-up Date)**'
   : 창업 상담, 멘토링
② 트렌드를 마시자, '**스타트업 인사이트(Start-up Insight)**'
   : 창업 교양 교육
③ 이것만은 꼭! A to Z, '**스타트업 칼리지(Start-up College)**'
   : 창업 전문 교육
④ 혹시 아직도 혼자니? '**스타트업 마이크(Start-up MIC)**'
   : 네트워킹 & 이벤트

스타트업 데이트를 통해서 창업 전반에 대한 기본 상담을 받을 수 있고, 상담 후 필요하다면 특정 분야(이를테면 브라질 수출 전략에 대한 조언)의 전문가로부터 별도 멘토링을 받을 수 있도록 프로그램을 준비했다. 매주 월요일마다 상담이 진행되는데 전문가 멘토링은 상호 일정을 조율하여 편한 시간에 만남이 이루어진다.

또한 요즘 트렌디한 개념이나 방문자들이 궁금해하는 창업 교양 분야는 **스타트업 인사이트**로 분류하여 프로그램을 운영한다. 올해 초부터 '메타버스 전문가 양성 과정'을 기수별로 운영하고 있는데 역시나 시민들의 관심이 뜨거웠다. 교육에 게더타운 맵 제작 실습까지 포함하고 있어 참가자들의 만족도가 높다. 그리고 하반기에는 NFT 실습 과정을 개설하여 실제 가상 지갑도 만들어 NFT 거래를 해볼 수 있도록 운영할 예정이다.

그리고 사업계획서 작성, 온라인 마케팅 실습, 투자 유치 과정 이해, 정부 지원 사업 신청 전략 등 창업과 직접적으로 관련 있는 분야는 **스타트업 칼리지**라는 이름으로 운영한다. 말 그대로 창업 대학과 같은 개념이며 1회성 교육뿐만 아니라 창업 전 분야를 경험할 수 있는 장기 과

정도 운영하고 있다. 마지막으로 **스타트업 마이크**는 창업자 간 네트워킹을 위해 준비한 프로그램이며 창업 분야별 모임, 벤치마킹 워크숍, 창업 스토리 공모전 등을 운영하고 있다.

창업카페 프로그램을 총 4가지로 분류하였고, 각 프로그램별로 세부 교육 내용은 연간 단위로 수립하는 것이 아닌 월 단위로 시민들의 필요에 따라 계획하고 있다. 마치 맛집 식당에서 볼 수 있는 '음식의 맛을 위해 주문 즉시 조리합니다' 같은 개념이다.

김해창업카페는 비전체계도를 중심으로 '창업이 일상' 이 될 수 있도록 모든 이들에게 항상 열려있는 공간이다. 단연코 이곳은 창업을 위한 전국 최고의 공간이 될 것이라고 자부한다.

김해창업카페,
맛집이 되다

얼마 전, 인터넷에서 전국 맛집 지도를 본 적이 있다. 누가 만들었는지 모르지만 참 감사하다는 생각을 했고, 시간 날 때마다 이곳저곳 다니면서 식탐의 욕구를 채워 보기로 했다. 그러다 문득, '전국 창업 맛집 지도'를 만들어보면 어떨까 생각해 보았다. 창업을 희망하는 사람들이라면 꼭 방문하면 좋은 곳을 정리한 지도다.

맛집이 되기 위해서는 백종원님의 손길이 필요하듯 창업 맛집이 되기 위해서는 방문자들의 피드백이 필요하다고 생각했다. 그래서 김해창업카페를 이용하는 교육생

중 '개선을 위한 인터뷰'에 응하겠다는 세 분을(창업 기업 종사자, 예비 창업자, 직장인) 만나 이야기를 나누었고, 그들과의 대화를 통해 창업카페에 대한 인식, 앞으로 필요한 교육, 그리고 창업카페가 나아가야 할 방향까지 고민할 수 있었다.

창업카페는 어떻게(How) 알고 찾아오셨나요.

창업카페 프로그램을 주로 온라인을 통해 홍보하고 있는데, 연간 5,000명의 방문자들은 어떻게 알고 찾아온 것인지 궁금했다. 이야기를 해보니 현재 본인의 상황에 따라 접근 경로가 조금 달랐다. 창업 기업 종사자는 지원 사업 정보를 검색하다가 우연히 발견했고, 예비 창업자는 창업 공부를 하기 위해 인터넷 검색을 하다가 알게 되었다고 한다. 그리고 직장인은 주변의 추천을 받아서 왔다고 했다.

이를 통해 확실히 알게 된 것은 아무리 좋은 프로그램이라도 홍보하지 않으면 꽃을 피울 수 없고, 창업카페가 진정한 맛집으로 거듭나기 위해서는 끊임없이 프로그램을 개선해야 한다는 것이었다. 공공시설의 대부분은 국민의 세금으로 운영되는 경우가 많으므로 오히려 사설 공간보다 더 큰 사명감을 가지고 운영해야 한다고 생각한다. 그런 의미에서 홍보는 정말이지 김해창업카페의 산소와도 같다.

어떤(What) 창업 교육에 관심이 있으신가요.

교육을 기획하고 프로그램을 운영하는 입장에서 가장 중요한 것은 참여자들의 니즈(needs)라고 생각한다. 그래서 모든 교육이 끝날 때마다 설문 조사를 통해 교육생들의 의견을 점검하고 있었는데 아무래도 만나서 대화하는 것보다는 부족한 면이 많아서 직접 만나 대화해 보았다. 그리고 그 내용을 두 가지로 정리할 수 있었다.

세 분 모두 입을 모아 말했던 것은 **첫째, '창업 현장의 생생한 스토리'로 교육을 해달라는 것이었다.** 사업계획서 작성법, 투자 유치 방법 등 우리가 일반적으로 접할 수 있는 이론 강의는 어디에서나 들을 수 있지만 실제 창업기업 대표자가 경험한 이야기는 좀처럼 들어보기가 어렵다고 했다. 마치 가공육의 정형화된 육질보다는 펄럭이는 활어의 싱싱함을 원하는 것 같은.

꼭 대단한 성공을 한 사람의 이야기가 아니라도 좋다고 했다. 어떻게 사업자 등록을 하게 되었고 어떤 방식으로 매출을 발생시키고 있는지. 그리고 채용과 조직 관리는 어떻게 하고 있는지와 같은 창업 기업을 운영하는 사람이라면 누구나 일상에서 직면할 수 있는 '현실'을 '사실' 그대로 알고 싶은 마음이었다. 나 또한 돌아보면 회사를 운영하면서 힘들었던 이유는 '기본적인 것을 몰라서'였다. 앞으로 교육을 기획할 때 유명한 강사를 섭외하거나 거창한 내용으로 교육하기보다는 다음 날 써먹을 수 있는 교육을 준비해야겠다고 생각했다.

둘째, 스스로 학습할 수 있도록 조직화가 필요하다고 했다. 예비 창업자·초기 창업자 간 단발적 네트워킹 프로그램은 있지만, 상호 지속적으로 교류하고 학습으로까지 이어지는 프로그램은 없다고 했다. 이 부분은 교육의 근본적인 문제와도 같았다. 항상 강사와 멘토가 옆에 있을 수 없으니 창업을 위해 필요한 학습을 스스로 할 수 있도록, 그리고 그 동력이 될 수 있는 학습 조직을 장려하는 프로그램이 필요했다. 이것은 김해창업카페가 지향해야 할 궁극적인 방향이었다.

이를테면 창업 독서 모임을 시작해서 누군가 가르치는 사람 없이 서로 질문을 던지고 탐구한다면, 그리고 그 모임에서 누군가 작은 성공을 한다면 이와 유사한 모임이 계속 생겨날 것이라고 믿는다. 단발적인 교육에 급급한 나머지 근본적인 문제에 대한 고민이 부족했었다. 역시 카페를 방문하는 고객의 조언을 직접적으로 들어보니 개선할 부분이 보였다. 이렇게 부족한 부분을 하나, 둘 채워나가다 보면 김해창업카페가 전국 유명 맛집이 될 것이라고 생각한다.

김해창업카페 존재 이유(Why)

맛집으로 선정되는 기준은 무엇일까. 사람마다 입맛이 다르겠지만 다수가 맛있다고 인정하면 그곳이 맛집일 것이다. 그리고 맛집에서 사람들이 음식을 먹을 때의 표정, 반응을 보면 우리도 모르게 침을 꿀꺽 삼킬 것이다.

창업 맛집도 동일한 원리가 적용된다고 생각한다. 김해창업카페를 방문하는 사람들이 유익하다고 인정해야 할 것이며 이곳에서 교육 및 멘토링을 받을 때 그들의 반응을 통해 우리가 가야 할 길을 계속해서 찾아야 한다. 그리

창업은 일상이다

고 단 한 사람이라도 김해창업카페를 통해 실제 창업을 했거나 성공 경험이 있거나 새로운 무대로 진출했다면 그 것만으로도 김해창업카페의 존재 이유는 충분하다.

아직도 가야 할 길

창업의 완성은 없다고 생각한다. 일순간 스포트라이트를 받으며 거액의 투자금을 유치한다고 해도 하루아침에 문 닫을 수 있는 생태계가 바로 이곳이다. 눈 뜨면 세상이 바뀌어있고, 눈 뜨면 직원 월급날이 코앞에 닿아 있다. 그만큼 쉽지 않지만, 자아의 외침에 진솔하게 반응하기 위해 대한민국의 새로운 미래를 위해 창업은 계속되어야 한다고 생각한다.

어려운 길을 걷기로 한 그들을 바르게 지원(incubating)하기 위해 공공 영역의 창업 지원 담당자는 두 가지 덕

목을 갖추어야 한다. **첫째, 전문성이다.** 유사 업무를 하는 공공 영역의 담당자를 종종 만나는데 때때로 경악을 금치 못할 때가 있다. 창업에 관한 기본적인 개념 이해도 없을 뿐만 아니라 새롭게 생겨난 창업과 관련된 지식을 습득하려는 의지가 없었기 때문이다. 이런 사람들이 수억 원의 예산을 가지고 기업을 지원하겠다고 사업을 펼친다면 어떻게 될까. 그야말로 세금은 눈먼 돈이 될 것이다.

필자 또한 항상 창업 기업과 상담을 하면서 모르는 개념이 나오거나 이해가 안 되는 부분이 있으면 부끄러움을 무릅쓰고 질문한다. 그리고 관련 도서를 읽고 탐구하려고 노력한다. 최소한 창업을 지원해야 하는 입장이라면 그들의 생계가 달린, 그들의 꿈이 투영된 도전을 가볍게 대해서는 안 될 것이다. 전문성을 확보하는 방법은 여러 가지가 있겠으나 가장 손쉽게는 독서, 온라인 교육 수강을 통해서 가능하고, 관련 자격증 및 학위까지 취득한다면 더 좋을 것이다.

둘째, 소통 능력이다. 창업 기업마다 아이템이 다를 뿐만 아니라 당면한 상황도 다르기 때문에 획일적인 논리로 이야기하고, 지원하는 것은 때때로 폭력이 될 수 있다. 그래서 항상 열린 마음으로 그들의 이야기에 경청하는 자세가 필요하다.

"제가 컴퓨터에 익숙지 않아서... 이거 어떻게 작성하는 건가요?"

"수중에 돈이 100만 원 밖에 없는데, 제가 창업할 수 있을까요?"

"시드 머니(seed money)까지는 투자 유치에 성공했는데, 추가로 자금을 확보하고 싶은데 뭐부터 어떻게 시작해야 할지 모르겠네요."

"제품의 시장 반응을 확인하고 싶은데, 크라우드 펀딩 관련 상담을 받고 싶습니다."

김해창업카페에 방문하는 창업자들의 고민은 정말 다양했고, 그때마다 창업자들의 상황을 이해하고 최적의 혜안을 제시하기 위해서는 소통 능력이 필요했다. 여기서 소통 능력이란 1) 주어진 시간 내에 결론 이끌어 내기 2) 너무 공감적이거나 너무 단호한 어투는 피하기 3) 모든 결정은 대표자가 할 수 있게 고민의 시간 허락하기를 포함하는 개념이다.

창업자도 담당자도 바쁘니 한정된 시간 안에 밀도 있는 대화가 필요한데 이때 극단적인 어투는 상대를 오해하게 만들 수 있으므로 피하는 것이 좋다는 생각이다. 또한 결국 회사의 주인은 창업자이므로 담당자가 조언은 할 수 있되 실제 결정까지 내리는 것은 문제가 있다. 필자 또한 1) ~ 3)까지를 잘 지키기 위해서 항상 조심한다. 그리고 한 번의 대화로 창업 기업의 운명이 달라질 수 있다는 책임감을 가지고 임한다.

제 4 장

지역 창업 기업
성공 사례 분석

네가 있는 그 자리에서 시작하라.
네가 가진 것을 이용하라.
네가 할 수 있는 것을 하라.

- Arhur Ashe -

김해의 얼굴을 만나다

선행 연구를 찾아보니 1986년부터 벤처기업의 성공 요인에 관한 분석 내용이 많았다. 필자는 국내에서 수행된 벤처기업의 성공 요인에 대한 논의를 집중적으로 살펴보았고, 남영호와 김완민이 제시한 창업 기회 포착력, 시장 및 기술적 기회 동시 포착, 창업 팀(사전 공동 경험, 다양성), 자금 확보, 재무 관리 능력 등의 요인을 중심으로 김해시 성공 창업 기업의 사례를 인터뷰 형식으로 분석하기로 결정했다.

여기서 '성공 창업 기업'의 기준은 일반적인 잣대인 매출, 상시 근로자수가 아닌 일상에서 발견한 창업 아이템, 대표자의 열정과 의지, 투자 이력으로 정했다. 대상 기업의 경영진을 대상으로 필자가 인터뷰를 진행했고, 인터뷰 내용의 신뢰성 확보를 위해 창업 지원 담당자 1명이 배석했다. 인터뷰 요청 시 취지와 책 집필 방향에 관해 설명했고, 김해를 대표할 수 있는 창업 기업 9개사를 선정하여 약 두 달에 걸쳐 인터뷰를 진행하였다.

인터뷰를 하면서 그들의 정량적 성과에 박수를 치기도 했지만, 더욱 놀랐던 것은 어디에도 공개되지 않았던 그들의 고민, 꿈, 하루의 흔적을 알 수 있어서 가슴 벅찼다. 그들과의 인터뷰를 최대한 생동감 있게 글로 표현하는 것이 나의 사명이라고 생각했다. 유구한 역사를 자랑하는 가야왕도 김해시의 미래가 이제는 그들에게 달렸고, 그들은 김해의 얼굴이었다.

아래 표는 인터뷰 대상 기업의 현황을 한눈에 볼 수 있도록 정리한 것이다. 대부분 일상(전공, 취미, 사회생활)에서 창업 아이템을 발견하였고, 누군가는 어린 시절의 꿈에 도전하기 위해 창업하기도 했다. 또한 모든 기업이 정부 지원 사업을 통해서 성장의 발판을 마련했다는 사실을 확인할 수 있었다. 물론 순서와 정도의 차이는 있지만 정부 지원 사업을 배제한 기업은 없었다.

< 인터뷰 대상 기업 분석표 >

회사명	창업 동기	창업 기회 포착	창업 팀 구성	자금 확보
신혜련	**[의료]** 파워블로거 운영 → 사업화 구상	창업 상담	-	투자 유치 희망
김제현	**[플랫폼]** 예술인들의 창작 활동에 대한 문제의식	경남 스타트업 발굴 육성 사업 (1천 4백만 원)	취미 커뮤니티	투자 유치 희망
스펠크리 에이티브	**[미디어]** 전공을 살린 창업 도전	소셜벤처 육성 지원 사업 (3천만 원)	취미 커뮤니티	투자 유치 희망
뮤즐리	**[음원 서비스]** 취미에서 발견한 아이템	예비 창업 패키지 지원 사업 선정 (5천 2백만 원)	취미 커뮤니티	투자 유치 성공
부에노 컴퍼니	**[플랫폼]** 막연한 꿈 → 일상에서 찾은 아이템	예비 창업 패키지 지원 사업 선정 (7천 5백만 원)	지인	투자 유치 성공

김해육포	**[식품]** 학원 운영 경험 → 호기심으로 발견한 아이템	김해시 청년상인 선정 (5천 7백만 원)	지인	투자 검토 중
삼백육십오	**[유통]** 직장생활을 통해 발견한 창업 아이템	폐업 후 초기 창업 패키지 선정 (7천 8백만 원)	지인	투자 유치 성공
테라프릭스	**[화장품]** 모회사의 연구소 기업 설립 사례	BNK투자증권 설립 투자	회사 동료	투자 유치 성공
크리스틴 컴퍼니	**[제조]** 어린 시절부터 관심 있었던 분야	저축과 대출	가족	투자 유치 성공

이를 통해 다시 한번 지역 창업 기업이 현실적으로 창업 기회를 포착하기 위해서는 '지원금'이 중요하다는 생각을 했다. 언제까지나 의존해서는 안 되겠지만 반드시 필요한 시기는 있었다. 또한 창업 초기 지인 또는 가족과 팀을 이루어 사업을 시작한다는 점을 고려해볼 때 지역에서 지속적으로 회사를 성장시키기 위해서는 필요 직무별로 인재를 매칭해주는 프로그램이 필요하다는 판단을 하게 되었다. 아울러 초기 창업 기업 대상 맞춤형 직무

교육을 통해 역량 강화를 지원해야 한다고 생각했다. 원하는 인재를 바로 채용한다면 가장 좋겠지만, 그게 어렵다면 실용 교육을 통해 바로 써먹을 수 있는 현장 기술을 익히는 방법이 차선책이 될 것이다.

인터뷰 대상 기업의 절반은 투자 유치에 성공했었는데, 결국 창업 기업이 죽음의 계곡*을 넘기 위해서는 자금 확보가 필수적이라는 것을 증명하고 있었다. 아무리 좋은 아이템이라도 필요 자금이 없다면 성장의 한계에 직면하거나 폐업해 버리는 경우가 부지기수(不知其數)다. 다행히도 약 3년 전부터 정부와 지방자치단체에서 창업 기업의 성장을 도모하기 위해 '펀드' 조성에 열을 올리고 있다. 필자가 속한 김해시에서도 별도 예산을 편성하여 모태펀드(정부주도 펀드) 조성에 참여하였고, 지역창조경제혁신센터와 함께 지역 소재 기업에 공격적으로 투자하기 위해 만반의 준비를 하고 있다.

기업과의 인터뷰는 예비 창업자→초기 기업 순으로 정리하였고, 전체적인 순서는 인터뷰 순으로 차례대로 나

---

* 초기 창업 기업이 기술 개발에 성공하였다 하더라도 사업화 단계에 이르기
  전까지 넘어야 할 어려움을 나타낸 용어(네이버 지식백과)

열하였다. 기업 관련 이미지는 모두 해당 기업으로부터 전달받았으며, 책에 기술된 모든 내용은 인터뷰 대상자로부터 최종 확인된 것임을 밝힌다.

예비 창업자의 도전

핑키핑키, 신혜련
삼이일공방, 김제현

여신약사의 피임 정보 플랫폼, '핑키핑키'

〉

'이 분은 정말 무언가를 해낼 것 같다'
'나보다 분명 잘 하실 것 같은 그런 느낌'

신혜련 약사님을 처음 만났을 때의 느낌이다. 약국에서 약사로 일하시면서 결혼 후 아이가 생겼고, 육아를 하면서 새로운 일에 도전하려고 준비하고 있었다. 아니, 이미 도전했다.

'여신약사(https://blog.naver.com/shin2825)'라는 블로그를 만들어서 일반인들이 궁금해하는 다양한 약에 관한 정보를 재밌게 전달하고 있었는데, 하루 방문자가 적게는 5천 명 ~ 많게는 1만 명 정도였다. 요즘은 그 개념이 사라졌지만 소위 말하는 파워블로거였다. 지금 신혜련 약사님은 피임약 관련 정보를 제공하는 플랫폼 비즈니스를 준비하고 있다.

• < 여신약사 블로그 찾기 >

• < 핑키핑키 플랫폼 구현 예시 >

창업은 일상이다

근황 토크

저자: 약사님, 요즘은 어떻게 지내세요?

신혜련 약사: 코로나19 때문에 육아에 집중하면서 온라인으로 강의를 하고 있어요. 블로그를 개설하고 운영하는 노하우를 강의하고 있죠.

저자: 그때 유튜브도 막 시작하셨다고 하시던데 어떠세요?

신혜련 약사: 네, 맞아요. 현재까지 영상을 8개 업로드했는데 그 다음은 속도를 못내고 있어요. 책도 써보기로 했는데 아직은 엄두가 안 나네요.

창업 동기(Motive)

저자: 하나씩 천천히 하세요. (웃음) 저도 에너지가 많은 사람이라고 생각하는데, 약사님을 뵐 때마다 '약사님도 정말 장난 아니구나'라는 생각을 많이 합니다. 저는 궁금한 게, 약사신데 어떻게 이렇게 블로그도 만드시고 창업까지 도전하게 되셨을까요?

신혜련 약사: 본래는 제약회사에서 일하다가 결혼 후에 약국 약사로 일을 했었어요. 아이를 출산하면서 육아를 하게 되니까 밖에서 일하는 게 쉽지 않아서 집에서 무

언가를 해보려고 2019년부터 블로그를 먼저 시작했죠.

저자: '여신약사'. 저도 들어가 보니까 정말 관리를 잘하셨더라고요.

신혜련 약사: 네, 제가 모유 수유 중이었는데 최초에는 모유 수유 중에 먹을 수 있는 약들을 포스팅했어요. 그랬더니 육아맘들이 남긴 댓글을 구석구석 찾아 소통하면서 '내 정보가 유용하구나'라는 것을 느꼈어요. 그래서 저도 즐거운 마음으로 매일 하나씩 포스팅했더니 6개월만에 하루 1만 명 정도가 방문하는 블로그가 되었어요. 그러면서 '뭔가 더 해볼 수 있지 않을까', '제품을 팔아보는 것이 어떨까'라는 막연한 생각을 했어요.

창업 기회 포착(Chance)

저자: 육아를 하시면서 파워블로거가 되시고, 지금은 창업까지 도전하시는 게 대단하다는 생각이 듭니다.

신혜련 약사: 아, 원래 창업을 할 생각은 없었어요. 단순히 '스마트 스토어를 통해 제품을 팔아볼까'라는 생각이 있었죠. 근데 여기 김해창업카페에서 팀장님과 상담을 하면서 창업이라는 세계를 알게 되었어요.

저자: 블로그를 운영하면서 창업 분야를 떠올리셨고 저와

상담을 하시면서 실제 창업까지 도전하신 거군요. 저는 약사님이 워낙 잘하셔서 원래 이쪽 분야에 경험이 많으신 분인 줄 알았어요. (웃음)

신혜련 약사: 제가 마음먹으면 딱! 하는 스타일이긴 해요. (웃음) 지금 구상 중인 피임약에 관한 플랫폼 비즈니스도 사업 영역이 플랫폼이다보니 코딩 공부도 별도로 하고 있고, 비즈니스 모델에 대한 부분도 계속해서 고민 중이에요.

저자: 코딩 공부를 직접?!

신혜련 약사: 외주로 플랫폼 앱 제작을 의뢰하더라도 제가 알아야 소통이 잘 될 거라고 생각했어요. 근데 생각보다 쉽지 않더라고요. (웃음)

저자: 약사님이 '핑키핑키'라는 이름으로 사람들에게 피임약에 대한 정보를 알려주고, 실시간으로 전문가들과 상담할 수 있는 창구를 열어준다는 부분이 인상 깊었어요. 아직 이렇게까지 해주는 플랫폼은 없거든요.

신혜련 약사: 제가 블로그를 운영해 보니 사람들이 피임약에 대해서 잘 모른다는 것을 깨달았고 어딘가에 물어보는 것도 부끄러워한다는 사실을 알았어요. 그리고 피임 부분은 낮이고 밤이고 궁금할 때가 있을텐데 그런 부분을 해소해줄 수 있는 플랫폼이 있으면 좋겠다고 생

각했어요. 지금은 대부분의 사람들이 맘카페를 통해서
관련 정보를 확인하는 것 같아요.

저자: 네, 이와 관련해서 피임 관련 구독 서비스나 전문가
상담, 관련 제품을 별도로 런칭하는 것도 좋은 방법이
라고 생각해요.

창업 팀 구성(Team)

저자: 창업을 함께 준비하시는 분이 있으신지요?

신혜련 약사: 현재는 혼자하고 있어요. 하지만 주변에 젊
은 약사분들을 많이 알고 있는데 대부분 새로운 것에
관심이 많아서 조만간 같이 준비할 분이 생길지도 모르
겠네요. 약사인데 건강기능식품을 OEM 방식으로 만들
어서 크라우드 펀딩으로 시장성을 확인하는 분도 있고,
전혀 다른 분야로 창업에 도전하는 분도 있어요.

저자: 네, 정말 그런 것 같아요. 우리 지역에도 약사가 대
표인 '킥더허들'이라는 회사가 있어요. 최초에는 유산
균을 만들어서 판매했는데 지금은 맞춤형 비타민 판매
뿐만 아니라 유튜브 채널까지 운영하고 있는 규모가 큰
회사가 되었어요.

신혜련 약사: 요즘에는 콘텐츠로 팬을 모으고, 팬덤을 바

탕으로 제품을 판매하는 것이 마치 공식 같아요.

저자: 약사님도 핑키핑키 브랜드로 피임 분야의 독보적인 플랫폼이 되실 거라 믿어요.

신혜련 약사: 앞으로도 김해창업카페에서 상담부터 교육, 사업화 지원까지 잘 운영해주시면 좋겠어요. 감사합니다.

육아의 일상과 관련된 정보를 제공하는 블로그를 운영하기 시작했고, 지금은 피임약 플랫폼을 준비 중인 약사님. 성공의 여부를 떠나서 일상 속에서 자연스러운 아이템 발굴, 그리고 창업으로의 도전이 자연스러운 세상이 되었으면 좋겠다. 좋은 취업처를 찾아 구직 활동을 하는 것도 필요하지만, 우리 다 함께 새로운 취업처를 만들어간다면 더욱 살기 좋은 대한민국이 되지 않을까.

오직, 창작자를 위한,
'삼이일공방'

참 부럽다는 생각을 했다. 그들은 꿈이 있었고, 도전할 용기도 있었다. 나이는 나보다 어리고 경험은 부족할지 언정 세상을 바라보는 측정 불가능한 여유로움과 반듯한 진지함이 있었다. 이것이 창업카페 행사를 통해 우연히 마주친 그들을 필연적으로 인터뷰할 수밖에 없었던 이유다. 삼이일공방 김제현 대표는 대한민국의 예술인들을 위한 창작 플랫폼을 준비하고 있었다.

- < 삼이일공방 브랜드 로고 >

- < 삼이일공방 플랫폼 구현 예시 >

창업은 일상이다

창업 동기(Motive)

저자: 항상 뵐 때마다 정말 젊은 분들이 멋있는 도전을 한다고 생각했어요. 언제 창업을 해야겠다고 마음먹으셨어요?

김제현 대표: 원래 전공이 기계공학인데 음악에 관심이 있었어요. 그러면서 혼자 음악 프로듀싱, 영상을 배우면서 음향까지 하게 되었어요.

저자: 우와, 대단하시네요. 그럼 회사에 다니시면서 퇴근 후 자신만의 영역을 만들어가신 거네요?

김제현 대표: 네, 저는 힙합 분야에 관심이 있어서 회사 다니면서 앨범 작업까지 하게 되었죠. 근데 음악 분야에 있다 보니 예술인들이 대부분 정부 지원금에만 의존하고 있다는 것을 알게 되었어요. 그러다 어느 날 '내가 창업해서 이 문제를 해결할 수 있지 않을까?'라는 생각이 들더라고요.

저자: 사회적기업이 되실 수 있을 거라는 생각이 드네요. 대표님께서 직접 창작을 하면서 해당 업계에 대한 문제를 직면하게 되었고, 이를 해결할 수 있는 창업 아이템을 구상하셨으니 정말 의미 있다고 생각합니다.

창업 기회 포착(Chance)

저자: 보통은 사업자 등록을 하게 되는 계기가 있던데, 창업을 할 때 정부 지원금을 받으시면서 하셨나요?

김제현 대표: 아, 그건 아니에요. 제가 개인적으로 모션 그래픽 작업도 하고 있었는데요. 지인이 SH서울주택공사 모션 그래픽 작업을 해달라고 해서 아예 사업자 등록을 하고 일을 시작하게 되었어요. 그리고 2020년 9월에 경상남도 청년 스타트업 발굴 육성 사업에 선정되어서 사업화 지원금 1,400만 원을 받게 되었어요.

저자: 창업할 수 있는 일거리가 먼저 주어졌고, 이어서 지원 사업에 선정되셨군요. 그럼 첫 지원 사업을 통해서 시제품도 제작해보셨겠네요.

김제현 대표: 네, 예술가들이 불특정 다수로부터 자금도 유치하고, 협업할 사람도 구할 수 있는 플랫폼을 만들기 위해서 플랫폼 브랜드 디자인부터 작업했었어요. 그리고 이후 한국문화예술위원회에서 주최한 '예술인 데이터가 바꾸는 세상' 공모전에 우수상으로 선정되기도 했어요. 저희에게는 의미 있는 성과였어요.

저자: 사업자 등록을 하자마자 일거리는 물론, 지원 사업 선정, 공모전에서 수상까지 하시고. 정말 대단하시

네요. 그럼 지금 보여주실 수 있는 플랫폼 프로토타입 (prototype)이 있을까요?

김제현 대표: 사실 아직까지 '이거다'라고 보여드릴 수 있는 건 없어요. 계속해서 구상 중인 플랫폼을 어떻게 하면 현실적이고 효과적으로 운영할 수 있을지 고민 중이에요. 그러면서도 매출을 발생시켜야 회사를 운영할 수 있으니 외주 작업도 받아서 하면서 말이죠.

저자: 의미 있는 일을 하면서 돈까지 벌기 위해 고군분투하시는 대표님의 하루 일과, 그리고 고민의 깊이가 느껴지네요.

창업 팀 구성(Team)

저자: 제가 처음부터 여쭤보고 싶었는데 회사명 '삼이일 공방'은 어떤 의미를 담고 있을까요.

김제현 대표: 3(Three), 2(Two), 1(One) 다음에 뭔가 짜잔! 나타난다는 의미도 있고, 한글로 삼이일공방이라고 써봤는데 예쁘다고 생각했어요. 특히 음악을 하는 분들과 함께 정하게 되어서 의미가 있다고 말씀드릴 수 있어요.

저자: 뒤에 '공방'이라는 단어가 붙어서 처음에는 공예업

을 하시는 분들인 줄 알았어요. 그런 오해를 많이 받으시겠네요.

김제현 대표: 네, 맞아요. 하지만 회사명이 예술가적 본질을 담고 있는 것 같아서 좋아요.

저자: 그러면 최초 1인 기업으로 창업을 하신 건가요?

김제현 대표: 아니요. 김해에서 음악 하는 분을 건너서 소개를 받았는데, 같이 앨범 작업도 하고 이렇게 창업까지 하게 되었어요. 첫 만남이 스튜디오였고 지금은 함께 사무실을 쓰고 있지요. 좋아하는 일을 하면서 함께 창업까지 할 수 있어서 좋고 앞으로는 저희가 구상 중인 창업 아이템을 실제로 시장에 런칭하는 것이 관건이 될 것 같아요.

저자: 저는 이렇게 '일상 속에서 창업에 도전하는 사례'가 많아지면 좋겠어요. 그 도전 자체로도 충분히 의미가 있겠지만 구상 중인 플랫폼이 실제로 시장에 진출하게 된다면 제2의 삼이일공방, 제3의 삼이일공방도 생겨날 것이라 믿어요.

창업은 일상이다

• < 삼이일공방 작업 모습 >

자금 확보와 재무 관리 능력(Fund raising)

저자: 처음 창업하시면 재무 관리 부분이 난감하셨을 텐데 어떻게 하고 계세요?

김제현 대표: 사실 이 부분은 삼촌이 세무 회계사라서 배우면서 하고 있어요. 아직 관리할 자금이 많지 않지만 (웃음) 아직까지는 재밌게 하고 있어요.

저자: 네, 지금은 단순히 영수증을 정리하는 것부터 시작하고 계시겠지만 나중에는 큰 그림을 가지고 관리하셔

야 하니 잘 배워두시면 좋을 것 같아요.

김제현 대표: 네, 감사합니다. 김해시에 다양한 창업 공간이 늘어나고 있지만 여전히 저희와 같은 초기 기업을 위한 공간은 많이 부족하다고 생각해요. 특히 창작 공간은 찾아보기 어려운 것 같아요. 앞으로 이런 부분에 더욱 적극적으로 지원해주신다면 김해시의 많은 청년들이 창업에 보다 쉽게 도전할 수 있을 거라고 생각해요.

저자: 네, 주신 의견 적극적으로 반영하도록 할게요. 대표님의 도전, 앞으로도 응원하고 지원하겠습니다.

삼이일공방에서 꿈꾸는 비즈니스는 아직 가야 할 길이 멀다. 플랫폼 시제품 제작부터 수익 모델 구체화까지 몇 번이고 다듬어야 할 것이다. 하지만 포기하지 않는다면 반드시 기존에는 없던 예술인들을 위한 새로운 무대가 열릴 것이라고 생각한다. 그들이 포기하지 않고 직면하는 장애물을 뛰어넘을 수 있게 도와주는 역할이 바로 내가 가야 하는 길이라고 생각한다. 이 땅의 청년들이 자신의 꿈을 창업으로 마음껏 펼칠 수 있게 우리 모두가 함께 응원하면 좋겠다.

창업은 일상이다

스펠크리에이티브

빅 크리에이티브!
영상 제작을 바탕으로
다양한 콘텐츠를 기획하고 제작하는 회사

경상남도 김해시 관동로 14

빅 크리에이티브,
'스펠크리에이티브'

'덕질과 직업이 일치했다'는 의미의 '덕업일치(덕業一致)'라는 말을 들어본 적이 있을 것이다. 이 덕업일치를 몸소 보여주는 창업 기업이 있는데 바로 '스펠크리에이티브'다. 스펠크리에이티브는 남다른 촬영 기법, 편집, 그리고 음악 제작(sound design) 기술을 바탕으로 영상, 음악, 브랜딩 디자인 등 다양한 미디어 콘텐츠를 제작하고 있다. 이들과 만나서 대화하면 늘 '나도 이렇게 일하고 싶다'는 자기반성을 하게 된다.

• < 스펠크리에이티브 활동 모습 >

창업은 일상이다

근황 토크

저자: 대표님, 요즘 어떻게 지내세요~

김도연 대표: 안녕하세요. 팀장님. 아, 이제 작가님이라고
불러야 하나. (웃음) 본래 영상 만드는 회사가 연초에 조
금 여유가 있는 편이에요. 올해는 외주 작업 위주보다
는 우리만의 것을 하고 싶어서 내부적으로 기획 회의에
몰두하고 있어요.

저자: 우리만의 것이라면...?

김도연 대표: 더 직접적으로 말씀드리자면 재미있는 일이
라고나 할까. 누군가 짜놓은 판에 가서 일을 하기보다
는 우리가 판을 짜서 사람들을 불러모으고 싶어요.

저자: 생각하시는 방향이 모든 창업 기업들의 워너비
(wannabe)가 아닐까 싶네요. 스펠크리에이티브는 해내
실 거라 믿어요.

창업 동기(Motive)

저자: 대표님은 왜 취업이 아닌 창업을 선택하셨어요?

김도연 대표: 저는 애초부터 취업을 생각해본 적이 없어
요. 대학에서 작곡을 전공했었고, 밴드 활동을 하면서

영상미디어학에 눈을 뜨게 되었어요. 그러면서 자연스럽게 음악과 영상을 결부시키려는 시도를 하게 되었는데, 그렇게 2018년에 법인을 설립했어요.

저자: 아, 그러면 밴드 활동 멤버들끼리 창업을 하신 거군요.

김도연 대표: 네 밴드 활동으로 뜻이 맞는 동료들과 함께 창업을 했고, 지금은 저를 포함해서 2명이 창업 멤버로 함께 회사를 운영하고 있습니다.

저자: 전공을 살린 취미 활동을 하면서 창업을 하게 되었고, 서로의 의사를 존중하면서 지금까지 오신 거네요.

김도연 대표: 네, 맞아요. 처음에는 '음악' 미디어를 대중들에게 효과적으로 전달하기 위해서 영상을 함께 시작하게 되었는데 영상을 공부하고 사업적으로 활용하다 보니 정말 매력이 있더라고요. 완성도와 퀄리티에 대한 욕심도 더 커지게 되고요. 그렇게 현재는 영상 제작을 가장 큰 축으로 해서 음악을 포함한 다양한 미디어 콘텐츠를 제작하고 있어요.

창업 기회 포착(Chance)

저자: 근데 대표님, 아무리 재밌고 좋아하는 일이라도 현

실적인 부분이 충족되어야 하는데 창업하시면서 어려
움은 없으셨나요?

김도연 대표: 처음에는 정말 사업 운영에 대해 아무것도
모르니까 소위 말하는 '열정' 하나로만 무작정 도전하면
서 시작했었거든요. '무식하면 용감하다'는 말 있잖아
요. (웃음)

그렇게 가득한 열정과 의욕은 있는데 당연히 수입은 없
고 일도 안들어오고 하니 마냥 기다리고 있지만 말고,
뭔가를 직접 제작해봐야겠다고 생각했어요. 현재 총괄
기획 감독으로 계신 서지원 감독님의 아이디어로 지역
에 있는 평범하지만, 특별한 우리 이웃들의 다양한 직
업군과 삶의 이야기를 기록하는 '김해와 사람들'이라는
다큐를 제작하게 되었어요. 그렇게 우리 주변에서 만
날 수 있는 꽃집 사장님, 카페 사장님의 일상을 촬영하
다가 그분들로부터 시의원 한 분을 추천받게 되었어요.
그분을 통해 김해창업카페의 존재를 알게 되었고, 지원
사업에 선정되면 자금을 지원받아 시제품을 만들어볼
수 있다는 것도 알게 되었어요.

저자: 스펠크리에이티브만의 콘텐츠를 제작해보기 위해
'김해와 사람들' 프로젝트를 시작하셨고, 우연한 기회에
창업 지원 프로그램을 알게 되신 거군요.

김도연 대표: 네, 그렇게 소셜벤처육성지원 사업에 도전해서 3천만 원 상당을 지원받았고, 김해창업카페 입주기업 공모에 신청해서 우리만의 독립 공간을 얻기도 했어요. 처음에는 3명이 입주해서 일을 하다가 어느새 9명이 되면서 현재는 더 큰 공간으로 이동하게 되었죠.

저자: 창업을 위해 필요한 세 가지를 꼽아보라면 자금, 공간, 사람이라고 생각해요. 자금과 공간 확보로 스펠크리에이티브의 첫 문을 여는데 성공했다면 앞으로는 점점 사람이 중요할 거라고 생각해요. 밴드 멤버가 회사가 된 이후 지금은 어떻게 사람을 채용하세요?

창업 팀 구성(Team)

• < 스펠크리에이티브 단체 사진 >

창업은 일상이다

김도연 대표: 처음 회사를 같이 시작한 창업 멤버가 대학 교수로도 활동하고 있어요. 그래서 해당 대학의 학생들을 추천받기도 하고, 채용 사이트를 통해 비정기적으로 인재를 발굴하기도 해요.

저자: 회사마다 채용 기준은 다양하기 마련인데, 크리에이티브 집단 스펠의 기준이 궁금하네요.

김도연 대표: 저는 창작에서의 중요한 요소 중 하나가 근성이라고 생각해요. 그래서 하고자 하는 의욕과 함께 하나의 프로젝트를 끝까지 완성도 있게 마무리할 수 있는 근성이 있는 분들과 함께 하고자 해요. 면접을 하면서 이런 부분을 확인하고, 입사 후 3개월간 함께 일해보면서 최종 결정하죠.

저자: 근성과 의욕. 어쩌면 모든 분야에서 요구되는 조건이겠지만 창작은 더욱이 자신과의 싸움이 될 것이기에 중요할 수밖에 없겠네요. 대표님만 보더라도 평소에는 웃고 이야기하다가도 일을 시작하시면 눈빛이 바뀌는 그런 느낌이 있어요. (웃음)

자금 확보와 재무 관리 능력(Fund raising)

저자: 현재 총 9명이 함께 일하신다고 하셨는데 인건비

부담은 없으세요?

김도연 대표: 저희가 소셜벤처 인증을 받아서 인건비 지원받는 부분도 있고, 작년에 회사 운영 후 영업 이익도 발생해서 현재 회사 운영에는 문제가 없는 상황이에요.

저자: 그럼 모든 자금 관리를 대표님이 직접하고 계세요?

김도연 대표: 네, 결국 자금 관리를 대표가 해야 하겠더라고요. 처음에는 아무것도 몰라서 회계사님께 물어보면서, 인터넷을 찾아가면서 지금까지 왔어요. 재미있어서 하는 건 아니지만 이렇게 숫자 관리를 하다 보니 구체적인 계획과 목표가 생기는 것 같아요.

저자: 그럼 향후 투자받을 계획도 있으신지.

김도연 대표: 계획은 있지만 아직 막연한 것 같아요. 하지만 스펠크리에이티브가 한 단계 더 점프하기 위해서는 무언가 필요하다는 생각을 계속하고 있어요.

저자: 한 단계 더 점프하기 위해, 처음 말씀하신 '우리만의 것에 대한 회의'를 하고 계신 거네요. 늘 그러셨듯이 재밌고 즐겁게 하시다 보면 또 다른 새로운 길이 보일 거라고 생각해요. 앞으로도 지역을 대표하는 크리에이티브가 되어주세요.

김도연 대표: 포기하지 않고 꾸준히 전진해 볼게요. 작가님께서 많이 도와주세요! 아 그리고 마지막에 한마디

써도 된다면 스펠의 크리에이터로서 함께하는 저희 감독들에게 항상 고맙고 사.....사.....좋아한다고 말하고 싶어요!

일상 속에서 자연스럽게 시작한 창업가, 김도연 대표. 좋아하는 일에 도전하면 자신만의 업(業)을 만들 수 있다는 전형적인 사례를 보여주고 있다. 이러한 창업 사례가 대한민국이 나아가야 할 창업 방향이자 지역 창업의 원동력이라고 생각한다. 스펠크리에이티브가 제작하는 미디어 콘텐츠가 지역은 물론 전국을 강타하는 내일을 상상해 본다. 그리고 또 다른 스펠크리에이티브의 등장을 기대하며, 올해 30세가 되었다는 그녀의 또 다른 도전을 기대해 본다.

뮤즐리

저작권 보호, 음원, 애니메이션 등
서브컬처(subculture) 발전을 위한
지속적인 연구 개발을 통해
세계 각국의 수많은 이용자와
다양한 파트너들이 함께 성장할 수 있도록
노력하는 회사

경상남도 김해시 김해대로 2232 김해창업카페

세상에 없던 음원 서비스,
'뮤즐리'

과거 대기업을 때려치우고 스타트업에 도전했던 나의 심장을, 다시 요동치게 만드는 팀이 있다. 바로 대학생 창업자가 설립한 '뮤즐리'다. 뮤즐리는 기존 음원 스트리밍 서비스가 제공하지 않는 가치를 제시하며 창업한 팀으로 풍부한 서브컬처 음원을 확보하는 것은 물론 빠른 업데이트를 통해 마니아층을 사로잡겠다는 계획이다. 이들은 항상 초롱초롱한 눈빛으로 즐겁게 일하는 모습을 보여줬는데, 그 이유를 인터뷰를 하고 나서야 알게 되었다.

• < 뮤온 앱 첫 화면 >

음원 검색 서비스
• 다국어 검색 지원
  : 한글, 영어, 일어 등

북마크 기능
• 검색결과, 리스트에서
  선호하는 음원의 좋아요를 눌러
  간편하게 관리 가능

다양한 편의 기능
• 나만의 플레이리스트
• 좋아요 목록 보기
• SNS 공유하기

반응형 웹 서비스
• 스마트폰, 태블릿 등
  모바일 기기
• PC (Windows, Linux, Mac)

• < 뮤온 앱 주요 기능 >

창업은 일상이다

근황 토크

저자: 대표님, 요즘도 바쁘게 사시죠?

신용혁 대표: 아직 대학생 신분인지라 시험도 치고 과제도 제출하면서 사업을 하고 있어요. 학생과 대표자 역할을 모두 수행하려니 때때로 역할 갈등을 느끼네요.

저자: 저도 일하랴 육아하랴 정신없는데 저는 대표님 앞에서 명함도 못 내밀겠네요. 분명 이곳저곳에서 대표님을 동시에 찾을 것 같아요. (웃음)

신용혁 대표: 정확히 맞습니다. (웃음) 하지만 제가 좋아서 시작한 일이니 언제나 모든 일에 진심이고 싶은 욕심이 있어요.

저자: '좋아서 시작한 일'이라고 표현하셨는데, 처음 창업한 동기를 여쭤봐도 될까요?

창업 동기(Motive)

신용혁 대표: 저희는 모든 것을 취미로 시작했어요. 고등학생 때부터 우리만의 커뮤니티를 만들었고, 서브컬처라고 불리는 콘텐츠의 음악을 듣고 싶었죠. 그래서 관련 스트리밍 서비스가 있으면 어떨까 생각했던 것이 창

업으로 이어졌어요.

저자: 취미 커뮤니티가 창업 팀이 된 거네요.

신용혁 대표: 네, 맞아요. 처음에 부모님께서는 반대하셨
어요. 집안에 사업을 하시다가 힘들어하신 분들이 계
셔서. 하지만 사업이 점차 가시화되고 투자를 받으면서
지지해주시게 되었어요.

창업 기회 포착(Chance)

저자: 취미 커뮤니티가 창업 팀으로 이어지고, 결국 지금
은 투자까지 받으셨지만 그 중간에 스토리가 하나 빠진
것 같아요. 어떻게 본격적으로 사업을 시작하게 되신
거예요?

신용혁 대표: 아, 본격적인 시작은 예비 창업자 패키지 사
업에 선정되면서부터였어요. 당시 5,200만 원을 지원
받았고, 지금의 음원 서비스인 뮤온의 골자를 제작할
수 있게 되었죠. 그리고 바로 법인까지 설립했어요. 당
장 사무실이 필요한 건 아니라서 김해창업카페 가상 오
피스에 신청했고, 현재는 김해창업카페에 아예 입주해
서 사업을 하고 있어요.

저자: 대단하시네요. 대학생 신분으로 5천만 원이 넘는

지원금을 받으시고. 갑자기 궁금해진 게 취미 커뮤니티에서 어떻게 신용혁 대표님이 대표가 되셨는지요? 나름 경쟁이 치열했을 것 같은데. (웃음)

신용혁 대표: 주요 문서를 작성하거나 창업 아이템을 제가 직접 발표하게 되면서 자연스럽게 그렇게 정해졌어요. 그리고 멤버들도 저를 믿어주고 지지해줘서 지금까지 올 수 있었어요! 그리고 저는 예비·초기 창업자에게 지원금은 활동할 수 있는 무대를 만들어주는 것이라고 생각해요. 앞으로도 우리 지역에 지원 사업이 많아져서 청년들이 창업 기회를 마련했으면 해요.

저자: '지원금=활동할 수 있는 무대'라고 표현하신 것이 가슴이 와닿네요. 지금 우리가 하는 이야기 또한 누군가에게 좋은 무대를 펼칠 수 있는 계기가 될 것이라 믿어요.

아까 '믿고 지지해주는 멤버들' 이야기를 하셨는데, 취미로 만난 초기 멤버가 총 몇 분이셨나요?

창업 팀 구성(Team)

• < 뮤즐리 단체 사진 >

신용혁 대표: 저를 포함해서 4명이에요. 그때의 멤버들
이 모두 핵심적인 역할을 해주고 있어요. CTO(Chief
Technology Officer), CFO(Chief Finance Officer), CMO(Chief
Marketing Officer) 모두 취미로 만난 멤버들이 담당해주고
있지요. 그래서 아주 든든하게 사업을 하고 있다고 말
씀드릴 수 있어요.

저자: 취미로 만난 분들과 사업을 하시다 보면 장점과 단
점이 있을 것 같은데 어떠세요?

신용혁 대표: 우선... 가장 큰 장점은 각자의 일을 알아서
찾아서 한다는 것이라고 말씀드리고 싶어요. 제가 굳이

무슨 일을 어떻게 해보자고 말하지 않더라도 모두들 주인 의식을 가지고 성실히 일을 하고 있어요. 이 부분은 다른 창업 기업 대표님들이 가장 부러워할 만한 요소가 아닐까라는 생각이 들어요.

저자: 이를테면 금전적 인센티브가 없더라도 스스로 일에 대한 동기화가 되어있다는 말씀이시죠? 정말 최고의 인력 구성이 아닐까 하는 생각이 드네요! 이러한 팀 구성의 단점이 있을까요?

신용혁 대표: 같이 사업을 해보니까 있더라고요. 서로 너무 가깝다 보니까 서로에게 걱정을 안 끼치기 위해서 불평, 불만을 이야기하지 않는다는 것을 알게 되었어요. 그러던 어느 날 한 멤버의 업무량을 보고 깜짝 놀랐습니다. 혼자서 이렇게 많은 일을 하면서도 내색도 하지 않고 끙끙거리고 있었더라고요.

저자: 대표님.... 이 이야기까지 장점처럼 들리는데. (웃음) 사업은 장기 레이스(race)니까 대표가 핵심 멤버들의 상황을 세세하게 잘 챙기는 것은 중요하죠. 혹시 전문성에 대한 이슈는 없나요?

신용혁 대표: 아직까지 크게 그런 부분 때문에 어려움은 없었는데 확실히 저희 모두 어리다 보니까 학력, 경력 등에서 밀리는 상황은 있는 것 같아요. 저만 해도 우선

대학생 신분이다 보니…

저자: 그러실 것 같네요. 하지만 그 부분도 다른 관점에서 보면 저는 장점이 될 수 있다고 생각합니다.

신용혁 대표: 네, 그래서 저도 우리 회사 인재상의 첫 번째 기준을 '서브컬처 업계에 대한 이해도'로 생각하고 있어요. 이 부분에 대한 이해도가 있어야지 어떻게 서비스를 개발하고 유통시킬지 연상할 수 있는 것은 물론 즐기면서 일을 할 수 있거든요.

자금 확보와 재무 관리 능력(Fund raising)

저자: 대표님, 그럼 자금 관리는 누가 어떻게 하고 있나요? 아까 CFO 역할하시는 분도 있으시긴 하던데.

신용혁 대표: 대학에서 경영학을 부전공해서 별도로 재무 관리 부분을 공부하고 있어요. 대표자가 숫자에 대해서 민감하지 않으면 안 된다고 생각했거든요. 그래서 모든 투자자 미팅은 제가 직접하고 있어요.

저자: 의지가 남다르신 게 느껴지네요. 그럼 올해 매출 목표를 알 수 있을까요?

신용혁 대표: 2022년도 예상 매출액은 38억 원 정도고, 이를 위해 1년 치 필요한 인건비, 사업 운영비는 모두 확

보해둔 상황이에요. 숫자에 민감하다 보니까 자연스럽게 자금 확보가 우선순위가 되더라고요.

저자: 대표님 이야기를 들으면서 더 확신이 드네요. 정말 창업은 나이와 상관없는 누구에게나 공평한 영역이라는 생각이 들어요. 단, 창업 아이템이 확실하고 본인의 의지가 남다르다면! 그리고 제가 알기로는 시드 머니 투자 유치에도 성공하신 것으로 알고 있는데 성공 이유가 무엇일까요.

신용혁 대표: 저희가 하고 있는 일 자체가 특수하다고 생각해요. 즉, 투자자들이 사업 아이템 자체가 블루오션이라고 판단했다고 생각해요. 그 판단이 틀리지 않았다는 것을 보여주는 것은 저, 아니 우리 뮤즐리의 몫이겠죠.

저자: 대표님, 마지막으로 꿈을 여쭤보고 싶네요.

신용혁 대표: 뮤즐리가 주식 상장을 해서 팀 멤버들의 가정까지 먹여 살릴 수 있는 회사를 만드는 거예요. 저는 초기에 함께 했던 멤버들과 함께 끝까지 의리를 지키고 함께 성공을 맛보고 싶어요.

오랜만에 느껴지는 한 사람의 진심이 담긴 선언이었다. 뮤즐리가 창업한 지는 이제 막 1년이 지났는데, 처음 이들을 만났을 때와는 상황이 완전히 달라졌다. 세상이 이들을 주목하고 있었고, 그만큼 이들도 사명에 불타는 눈빛을 보여주었다. 한때 덕업일치*라는 말이 유행했는데 딱 뮤즐리를 잘 표현하는 용어라고 생각한다.

　지역 창업의 핵심은 미국 실리콘 밸리나 수도권에서 유행하는 아이템을 흉내 내는 것이 아니라 일상 속에서 발견한, 내가 좋아하는 일을 '업(業)'으로 만드는 것이라고 생각한다. 그렇게 때문에 우리 김해시는 대한민국을 대표하는 청년 창업 도시가 될 수 있으며 5년 내로 전국에서 '창업하기 좋은 도시'인 이곳을 벤치마킹하러 올 것이라고 믿어 의심치 않는다.

---

* 　자기가 열성적으로 좋아하는 분야의 일을 직업으로 삼음(네이버 국어사전)

　　　　　창업은 일상이다

부에노컴퍼니

마트 털러 출동!
전국 마트 할인 정보를 기반으로
고객과 마트를 연결하는 마트 O2O플랫폼
<마트장보고>를 운영하는 회사

경상남도 김해시 관동로 14

마트 털러 출동, '부에노컴퍼니'

2019년, 부에노컴퍼니 대표와 부대표님을 처음 만나 뵈었을 때 느낌이 참 좋았다. 좋은 느낌은 곧 에너지로 연결되었는데, 힘들고 지친 날이라도 부에노컴퍼니를 만나면 온몸이 충전되는 기분이 들곤 했다. 부에노컴퍼니는 플랫폼 비즈니스를 하는 회사로서 전국 마트 할인 정보를 기반으로 고객과 마트를 연결하는 〈마트장보고〉를 운영하고 있다.

- <마트장보고 광고>

- < 마트장보고 앱 주요 기능 >

창업은 일상이다

근황 토크

저자: 대표님, 부대표님 요즘 어떻게 지내셨어요?

이선희 대표: 부에노컴퍼니, 팀 빌딩을 마쳤다고 말씀드리고 싶어요.

저자: 팀 빌딩을 마쳤다는 말씀은... 최근에 단순하게 워크숍을 다녀오셨다는 의미는 아닌 것 같은데...

이선희 대표: 맞아요. 각기 다른 멤버들이 동일한 목적을 향해 빠르게 나갈 수 있도록 일하는 방식이나 문화를 맞추는 작업을 했는데요, 이제 부에노컴퍼니 전 멤버들은 '부에노'답게 일하고, 이전보다 더욱 스마트하게 일하고 있어요. 심지어 부산의 별도 공간에서 근무하던 개발자 분들도 본사로 합류하여 한마음으로 일하고 있는 상황이 되었죠!

저자: 그만큼 부에노컴퍼니의 비전에 공감한다는 증거가 아닐지요. 저는 항상 밝은 대표님, 부대표님을 뵐 때마다 '이 분들은 왜 창업했을까?'라는 생각을 항상 했었는데 이렇게 책을 출간하게 되면서 드디어 진지하게 여쭤보네요. 창업을 하게 된 동기가 어떻게 되세요?

창업 동기(Motive)

이선희 대표: ICT 강사 활동을 하면서 창업에 대한 막연한 꿈이 있었어요. 어느 날 마트에 갔는데 문이 닫혀있었고 '휴무일을 알려주는 앱이 있으면 좋겠다'라는 생각을 했었죠. 하지만 휴무일만 알려주는 앱으로는 돈을 벌 수 없을 것 같아서 금세 포기해버렸어요.

저자: 엇... 제 생각에는 마트에 대한 정보가 기반이 되는 앱! 지금 운영 중이신 〈마트장보고〉의 첫 발을 내딛으신 것 같은데요.

이선희 대표: (웃음) 맞아요. 시간이 조금 흘러서 마트를 보니 '대형 마트 휴무일'만 불편한 것이 아니더라구요. 중소형 마트는 할인 정보를 전단지로 배포해서 온라인에서는 찾을 수 없었고, 마트 사장님들은 이 전단지에 막대한 비용을 쓰고 있었어요. 이 문제를 발견했을 때는 운명처럼 이 일은 내가 꼭 해결해야겠다는 마음이 들었습니다. 그래서 고객과 마트를 연결하는 플랫폼을 만들기로 결심하게 되었죠. 〈마트장보고〉라는 네이밍은 결심 직후 5분 만에 만들었답니다. (웃음)

창업은 일상이다

창업 기회 포착(Chance)

저자: 프리랜서 활동을 하시면서 사업을 병행하시기에 시간적으로나 금전적으로나 힘드셨을 것 같은데.

이선희 대표: 6개월 정도 고민만 하다가 본격적인 시작은 '예비 창업 패키지'라는 정부 지원 사업에 선정되면서부터였어요. 당시 사업 신청서 제출 마감까지 2주를 남겨두고, 쫓기는 일정 속에서 사업 신청서를 제출했는데 선정되어 7,500만 원을 지원받는 쾌거를 이뤘었죠. 그리고 연이어 사무실까지 얻게 되어 자연스럽게 창업에 뛰어들게 되었어요.

저자: 초기 자금 확보에 공간까지 얻으셨으니 창업 기업을 운영하기 위한 기본적인 준비를 하시고 출발하셨네요. 그럼 부대표님은 언제 회사에 조인(join)하신 거예요?

이준형 부대표: 저는 대기업에서 인사·교육을 담당하고 있었어요. 안정적인 직장이었지만 10년, 20년 뒤의 제 모습을 생각했을 때 발전이 없고 보람을 느끼지 못할 것 같다는 생각을 했어요.

저자: 저 또한 부대표님과 같은 마음으로 대기업을 박차고 나오긴 했어요. (웃음) 지금 이렇게 지역에서 창업을 지원하는 일을 하게 될 줄 몰랐지만.

이준형 부대표: 그래서 지금의 창업 아이템에 대한 확신과 열정이 있었고, 더 늦기 전에 새로운 도전을 하기로 해서 지금 이 자리에 함께 하게 되었어요. 안정적인 직장은 그 나름의 장점이 있지만 저는 지금의 스타트업을 선택했고, 매일 새로운 도전 속의 그 과정이 설레고 가슴 뜨겁다고 자신 있게 말씀드릴 수 있어요!

창업 팀 구성(Team)

저자: 이렇게 대표님과 부대표님을 주축으로 운영되어 온 부에노컴퍼니, 지금은 인원이 총 몇 명이에요?

이선희 대표: 현재는 13명이 일하고 있어요. 계속 추가로 채용 중인데 정말 이 채용이라는 게 쉽지 않은 것 같아요.

이준형 부대표: 좋은 인재를 채용함에 있어 정답은 없는 것 같아요. '우리의 조직 문화와 맞는 사람인가'를 찾는 과정의 연속이고, 채용이 되는 그 순간이 끝이 아닌 시작이라고 생각해요. 단순히 실력이 좋고 레퍼런스(reference)가 좋은 분을 모시고 오는 식의 채용이 아니라, 함께 일을 해보며 회사와 멤버 서로 간의 결이 맞는지를 확인하는 과정의 연속인 것이지요.

저자: 그럼 부에노컴퍼니만의 인재상이 있을 것 같은데

간단히 소개해 주세요.

이준형 부대표: 저희는 아직 작은 규모의 스타트업이지만 창
업 초기부터 만들어 온 조직 문화와 채용 원칙이 있어요.

• < 부에노컴퍼니 단체 사진 >

• 긍정적인 에너지로 서로 배울 수 있는 사람
• 회사와 개인의 목표에 동기 부여가 되어 능동적으로
  일하는 사람
• 기존의 멤버들과 동화될 수 있는 사람
• 실력이 좋아도 조직 문화를 저해할 우려가 있는 사람
  은 제외
• 일이 많아도 급하게 채용하는 것은 금물

저자: 말씀해주신 원칙을 잠시만 곱씹어도 얼마나 많은 고
민을 하셨는지 느껴져요. 스타트업은 특히나 사람이 자

산이라 이렇게 에너지를 쏟는 것이 좋다고 생각합니다.

이준형 부대표: 구글에서는 신규 인력 1명을 채용하는데 250~500시간을 투입한다고 해요. 우리는 아직 그 정도까지 미치지 못하지만 할 수 있는 한 최선을 다하는 중이에요.

저자: 대표님, 부대표님의 열정, 생각을 알게 되는 사람이라면 누구나 부에노컴퍼니에서 일하고 싶을 것 같아요. 우리 김해시에 이런 좋은 스타트업이 있어서 참 다행이라는 생각을 해봅니다.

자금 확보와 재무 관리 능력(Fund raising)

저자: 창업 기업의 성공을 좌지우지하는 요소 중에 '자금', '재무 관리 능력'은 빼놓을 수 없는데 이 부분은 누가 담당하고 계신가요.

이선희 대표: 현재 이준형 부대표님께서 관리하고 계세요. 물론 회계사의 조언을 얻어 관리하고 계시고 2주 단위로 돈이 나가고 들어오는 것을 체크하고 있어요.

저자: 시드 머니 투자 유치에도 성공하신 것으로 알고 있는데 그 이후 계획도 말씀해주실 수 있을까요.

이선희 대표: 2020년도에 시드 머니 1억 원을 유치했고, 현

재는 후속 투자 유치를 고민 중이에요. 사실 투자 네트워크가 약한 상황이라 올해 전방위적으로 알아보고 공격적으로 추진해보려고 합니다. 사람을 10명 이상 채용해야 하는 상황이라 자금이 지속적으로 필요하거든요.

저자: 김해시를 대표하는 '플랫폼 비즈니스'를 펼쳐나가는 부에노컴퍼니에 도움이 될 수 있도록 투자 부분은 저도 적극 도움이 되도록 할게요. 대표님, 마지막으로 부에노컴퍼니의 비전을 여쭤봐도 될까요?

이선희 대표: '대한민국 모든 마트의 디지털 전환'이 현재 우리의 비전이에요. 현재 국내 마트 분야에 키 플레이어(key player)가 없습니다. IT 변화를 따라가지 못하는 우리나라 대부분의 마트를 디지털 전환해서 고객들에게 사랑받는 서비스, 마트 분야에서 리더가 되고 싶습니다. 그 시작은 마트에 직접 가서 장보는 고객들에게 꼭 필요한 할인 정보를 모바일로 대체하는 일입니다.

저자: 요즘은 온라인이 대세라 온라인 장보기 서비스를 왜 안 하냐는 질문을 많이 받으셨을 것 같아요.

이선희 대표: 맞아요. 처음에는 발표 현장에서 심사위원들의 그러한 질문에 기(氣)가 눌려 당황했었는데, 이제는 전혀 그렇지 않아요. 온라인 장보기가 아무리 편해도 신선 식재료만큼은 내 손으로 직접 구매하는 주부님

들이 너무나 많습니다. 모두가 온라인 장보기에 집중할 때 저희는 오프라인에서의 장보기 경험을 스마트하게 만들어 주고 싶습니다. 그리고 진정한 의미의 디지털 전환을 점진적으로 이뤄가려고 합니다.

저자: 저도 그렇게 생각해요. 결국은 시류에 따라서 흉내 내는 비즈니스가 아니라 '일상에서 발견한 창업 아이템' 을 처음 그 마음처럼 고도화시키는 것이 정답이겠지요. 바쁘신데 귀한 시간 내주셔서 진심으로 감사드려요. 부에노컴퍼니의 스토리는 분명 누군가에게 새로운 도전 과 희망이 될 거라고 생각해요.

아직도 가야 할 길이 멀지만 그들의 생각과 마음가짐 은 이미 IPO(기업공개)에 성공한 기업 같았다. 이선희 대표 님은 김해창업카페에서 '플랫폼 비즈니스의 이해'라는 주 제로 몇 차례 강의를 한 바 있다. 당시 카페는 교육생들 로 가득 찼고, 질의응답 시간이 부족해서 강의 종료 이후 에도 대표님 곁에서 사람들은 추가 질문을 했다. 도전하 는 기업이 있는 지역에는 미래가 있다. 그 도전의 중심에 부에노컴퍼니가 있고, 조만간 너도나도 〈마트장보고〉 앱을 통해 신선한 식품을 저렴한 가격에 사는 날이 오리 라 믿는다.

김해육포

한국인의 입맛을 사로잡은 육포에서
이제는 대체육까지 개발하는
김해를 대표하는 식품 회사

경상남도 김해시 주촌면 골든루트로 80-16
김해시1인창조기업지원센터

지금까지 이런 육포는 없었다, '김해육포'

　매일 다양한 기업을 만나고 있는데 어떤 날에는 첫사랑에 빠지듯 나를 홀리게 만드는 기업이 있다. 그 대표적인 기업이 '김해육포'다. 최정운 대표님은 항상 담백한 발표와 정확한 설명, 그리고 산전수전을 겪은 자만이 풍겨낼 수 있는 내공을 물씬 풍겨내신다. 육포로 시작해서 떡뻥(쌀 과자), 이제는 비건 제품까지 개발하고 있는, 김해를 대표하는 식품 창업 기업, 김해육포를 꼭 소개하고 싶다.

• < 김해육포 브랜드 이미지 >

• < 김해육포 오프라인 판매 현장 >

창업은 일상이다

근황 토크

저자: 이렇게 직접 말씀드린 적 처음이지만 '김해육포'는
정말 맛있는 것 같아요.

최정운 대표: 그렇게 말씀해주셔서 감사해요. (웃음) 요즘
저희는 서울시스터즈와 컬래버(collaboration)를 준비하고
있어요. 처음에는 서울시스터즈의 특성을 살려서 김치
육포를 개발하려고 했는데 요즘은 고추장 불고기 육포
쪽으로 이야기하고 있어요.

저자: 고추장 불고기 육포, 한국인의 입맛에 딱이겠네요.
근데 서울시스터즈와는 어떻게 컬래버가 가능하셨나요?

최정운 대표: 아, 서로 청년창업사관학교 출신이라서 원
래 알고 지내고 있었어요. 먼저 제안을 드렸는데 흔쾌
히 허락하셔서 이렇게 진행하게 되었어요.

창업 동기(Motive)

저자: 대표님께서 처음 발표하시는 모습을 보고 '이 분은 정
말 보통이 아니다'라는 생각을 했거든요. 실제로 지역에
서 하는 대회나 행사에서는 항상 수상하시는 같고요. 처
음부터 창업을 염두에 두고 사회생활을 시작하셨나요?

최정운 대표: 꼭 그런 건 아니에요. 저희 부모님께서 가구점을 운영하셨는데 어릴 때부터 항상 장사하는 모습을 보고 자랐어요. 그래서 알게 모르게 사업가 기질을 타고났는지 모르겠지만 제 전공은 수학교육과예요.

저자: 아, 원래는 선생님을 꿈꾸셨구나.

최정운 대표: 처음에는 국문학을 전공했는데 생각과 달라서 군대 제대 후 수학교육과를 가게 되었어요. 그러다 집이 좀 어려워져서 돈을 벌어보려고 휴학하고 일을 했는데, 복학해서 임용고시를 준비하려고 하니 만만치 않더라고요. 그래서 사회생활은 학원 강사로 시작했어요. 한… 10년 정도 한 것 같아요.

저자: 대표님 말투가 차분한 스타일이셔서 수학을 가르치실 때 조목조목 잘 가르치셨을 것 같아요. (웃음) 근데 저는 아직도 학원 강사 일을 하면서 어떻게 창업을 하게 되셨는지 연상이 안 되네요.

최정운 대표: 제가 2012년에 결혼을 하면서 필리핀에 가게 되었어요. 아내가 학업을 끝내지 못하고 한국에 와 있었거든요. 그래서 함께 필리핀으로 떠나서 어학원을 운영했어요. 소위 말해서 영어로 할 수 있는 모든 일을 했죠.

저자: 국내에서 10년간 강사 생활을 하시다가 필리핀에

서 어학원을 운영하셨으니 정말 잘하셨을 것 같아요.

최정운 대표: 당시 정말 돈을 많이 벌었던 것 같아요. 근데 아내가 필리핀에서 학업을 마무리하면서 한국으로 돌아가게 되었고, 금속 가공업을 하는 회사에 자금 관리를 맡으면서 새롭게 일을 시작했어요. 근데 이 회사가 망하면서 제게는 시련이 닥치고 그와 함께 새로운 기회도 생겼어요. 다시 수학 강사 일을 하면서 낮 시간을 자유롭게 활용할 수 있었고, 어느 날 문득 '내가 좋아하는 육포를 직접 만들어볼까?'라는 생각을 했어요.

창업 기회 포착(Chance)

저자: 그렇게 지금의 김해육포가 탄생한 거군요!

최정운 대표: 네, 집에서 직접 만들어보면서 사업을 해봐야겠다는 생각을 했고, 실제로 사업자 등록을 하고 육포를 판매할 수 있는 기회가 생긴 건 '김해시 청년상인 모집'에 선정되면서부터였어요. 제게는 정말 좋은 기회였어요. 인테리어 비용, 1년간 별도의 운영비 지원까지. 아내가 이번에 다시 사업에 도전한다면 돈을 쓰지 말고 해보라고 해서 걱정이 많았는데 딱 기회가 주어진 거죠!

저자: 그렇게 창업을 하시고, 지금의 비건 제품 개발까지 정말 대단하다고 생각해요.

최정운 대표: 그 이후 김해시에서 지원해주는 컨설팅을 통해서 정부 지원 사업을 알게 되었고, 지금까지 3억 원 이상 지원을 받았어요. 현재는 이렇게 김해시1인창조기업지원센터 공간을 활용하면서 성장을 위한 지원을 받고 있고요.

저자: 부모님께서 가구점을 하시는 모습을 보고 자랐고, 직접 어학원을 운영하시면서 지금의 사업가 마인드가 생기신 거 같아요. 그래서 '무얼 어떻게 하면 되겠다'라는 소위 말하는 '감(sense)'이 있으신 게 아닐까라는 생각을 해봅니다.

창업 팀 구성(Team)

저자: 대표님은 혼자 창업을 하셨죠?

최정운 대표: 네, 2019년에 혼자 창업해서 제품 제조, 택배 배송을 모두 혼자 하다가 지금은 이전의 회사에서 함께 일했던 분을 스카우트해서 일하고 있어요. 그 외 인력을 함께 키워나가고 있는 상황이고요.

저자: 이제 점점 팀 구성에 대해 고민이 많으실 것 같아

요. 육포, 떡뻥, 그리고 비건 햄까지 곧 출시하시니.

최정운 대표: 회사에 비전이 있으면 좋은 사람이 모인다고 생각해요. 이전에 함께 일했던 분을 스카웃했다고 말씀드렸지만, 사실 당시 업무적으로 많이 다투긴 했거든요. 근데 서로 의견이 다르기 보단 회사의 상황 때문에 어쩔 수 없이 다투었는데 그분이 일을 참 잘하셨어요. 그래서 지금 저희 김해육포의 방향과 사업 내용을 보고 와주셨고, 앞으로도 좋은 회사가 된다면 좋은 사람들이 모일 거라고 생각해요.

저자: 네, 저도 대표님 말씀에 동의해요. 그리고 대표님은 다방면으로 인맥이 넓으시니, 좋은 인재들을 많이 만나실 거라고 생각합니다.

자금 확보와 재무 관리 능력(Fund raising)

저자: 회사 재무 관리는 직접 하고 계세요?

최정운 대표: 네, 저는 대표가 이 부분을 직접 해야 된다고 생각해서 제가 다 하고 있어요. 과거의 사업 운영 경험 덕분에 큰 어려움 없이 하고 있고요.

저자: 제가 알기로는 투자 유치 검토도 하신 것으로 알고 있는데 어떻게 진행되고 있는지요.

최정운 대표: 곧 시제품이 나오면 본격적으로 IR을 해보려고 해요. 그리고 신용 보증 기금을 통한 대출도 염두에 두고 있고요. 이 부분도 시제품이 나오면 바로 가능한 상황인데 담보 없이 큰 규모의 돈을 대출받을 수 있어서 다방면으로 생각 중입니다.

저자: 김해육포 제품들은 특수성이 있어서 투자사에서 매력을 느끼는 것 같아요. 그리고 비건 제품도 곧 별도로 출시할 예정이니 더 큰 매력이 있겠지요. 앞으로도 자금 관리를 대표님이 직접 하실 것 같아서 문제없을 것 같네요.

최정운 대표: 네, 올해 특히 사활을 걸고 열심히 해볼 생각이에요. 감사합니다.

어떠한 순간에도 이성을 잃지 않고 차분히 대응할 수 있는 리더십. 창업 기업은 이 능력이 반드시 필요한데, 김해육포 최정운 대표는 역시나 그러했다. 창업 기업은 현재의 수준이 아닌 미래 가치를 보고 지원하고 투자해야 하는데, 내가 만약 내일 투자사 대표가 된다면 제일 먼저 김해육포에 투자하고 싶다. 제품의 우수성은 물론이거니와 대표자의 사업과 세상을 바라보는 예리함 때문이다.

창업은 일상이다

삼백육십오

'간식에 테마를 입히다'라는 콘셉트(concept)로
국내 간식 시장에 도전장을 내밀고,
이제는 플랫폼으로 세계 시장에 도전하는 회사

경상남도 김해시 김해대로 2232 김해창업카페

간식에 테마를 입히다,
'삼백육십오'

첫눈에 반해버린 창업자, 구수룡 대표님. 회사명이 삼백육십오인 것처럼 하루도 쉬지 않고 매 순간 돌진하는 모습이 창업 기업 대표의 전형을 보여주는 듯했다. 삼백육십오는 '스낵365'라는 브랜드로 국내 간식 시장에 뛰어들었으며, 현재 콘셉트(concept) 간식 박스, 간식 케이터링(catering), 사무실 스낵 바(bar) 등으로 수익을 만들어가고 있다. 올해부터는 김해시에서 사업의 확장성을 위해 플랫폼 비즈니스에 착수했다.

- < 삼백육십오 브랜드 이미지 >

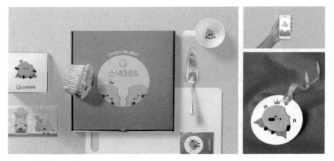

- < 삼백육십오 제품 이미지 >

창업은 일상이다

근황 토크

저자: 대표님을 만나면 속으로 항상 '이 분은 잠을 자긴 자는 걸까?'라는 생각을 합니다. 요즘 어떠세요~

구수룡 대표: 저도 잠을 자긴 잡니다. (웃음) 보통 새벽 4~5시경 일어나서 못다 한 일을 처리합니다. 그리고 아시겠지만 제가 쌍둥이 아빠라 7시부터는 약 2시간 동안 육아도 하고요.

저자: 정말 말 그대로 슈퍼맨이시네요. 그럼 출근은 몇 시에 하시는 거예요?

구수룡 대표: 저희 회사는 월요일에서 수요일은 10시 출근, 목요일에서 금요일은 9시 출근이에요. 그리고 저는 딱 정해놓고 회사로 출근하기 보다는 제가 처리해야 할 일이 있는 곳으로 바로 달려가는 식으로 일을 하고 있어요.

저자: 이런 대표님의 열정이면 무엇을 해도 하실 거라는 생각이 듭니다. 진심으로요.

구수룡 대표: 지금은 회사가 계속 성장하고 있어서 피로감보다는 재미를 더 느끼고 있어요.

창업 동기(Motive)

저자: 대표님은 왜 취업이 아닌 창업을 택하셨어요?

구수룡 대표: 아, 제가 처음부터 창업을 한 건 아니에요. 대학에서 법을 전공하고 ROTC로 군 복무를 하고 있었는데 유통 회사에 관심이 많아서 BGF리테일에 취업을 했었어요. 6년간 쭈욱 직장생활을 했으니까 짧게 일한 건 아니지요.

저자: BGF리테일이면 제가 알기로는 대기업군에 속하는데 어떤 계기로 그만두셨어요?

구수룡 대표: 저는 단순하게 생각했어요. 급여나 처우에 불만이 있었던 건 아니고, '내가 지금처럼 시간을 투자하면 더 큰 것을 해낼 수 있지 않을까'라는 내 일(my job)에 대한 동경이 있었어요. 회사의 '짜여진 판'을 넘어서 말이죠.

저자: 일에 대한 본질적인 고민을 하고, 과감하게 퇴사하신 거네요.

구수룡 대표: 네, 퇴사 후 지금의 회사를 바로 창업한 건 아니고 지인 분들과 다양한 사업을 모색하고 간단한 도전도 해봤어요. 냉혹한 현장을 몸소 경험해봤다고나 할까. (웃음)

창업은 일상이다

저자: 그러다가 어떻게 지금의 사업 모델을 생각하셨어요?

구수룡 대표: 곰곰이 생각해 보니 제가 사회생활을 하면서 했던 일은 '과자를 파는 일'이었더라고요. 그래서 BGF리테일에서 함께 일했던 선배와 함께 '사무실에 편의점을 넣어보자'는 생각으로 간식 시장에 뛰어들었어요. 시작하자마자 곧장 30개의 고객사가 생겼고, 작년에는 22억 원의 매출을 달성했어요.

창업 기회 포착(Chance)

저자: 대표님은 창업 동기가 곧 창업 기회였던 것 같아요. 보통은 동기가 있어도 특별한 계기가 있어야 창업으로 이어지는 경우가 많거든요. 이를테면 정부 지원 사업에 선정되면서 정식으로 창업을 하는 경우와 같이 말이죠.

구수룡 대표: 저는 처음에 아무것도 모르고 덜컥 사업자등록을 하고 2.5평의 공간에서 회사를 시작했어요. 그리고 경상남도 전역을 다니다가 우연히 지역 내 기관에서 예비 창업자·초기 창업자를 지원해준다는 것을 알게되었어요. 그렇게 초기 창업 패키지 사업에 선정되어서 7,800만 원을 지원받았고 최우수상을 수상했어요.

저자: 정말 대표님은 '행동파'라는 생각이 듭니다. 오래 준

비하고 때를 기다리는 것도 나름의 전략이지만 대표님처럼 우선 행동으로 옮기는 것도 남다른 전략이라고 생각합니다.

창업 팀 구성(Team)

• < 삼백육십오 단체 사진 >

저자: 아까 말씀하시기로는 BGF리테일에서 함께 근무했던 선배와 창업했다고 하셨는데 지금은 팀이 어떻게 구성되어 있나요.

구수롱 대표: 네, 맞습니다. 회사에서 함께 일했던 선배와 회사를 시작했고 현재 죽마고우를 CTO로 초빙하게 되었어요. 그 외에는 공개 채용을 진행했는데 첫 공개 채용 때 1명을 채용하는데 78명이나 지원해주셨어요.

저자: 아니, 대체 어떻게 채용 홍보를 하셨길래.

구수룡 대표: 당시 제가 채용 공고 포스터를 직접 만들었
는데 우대 사항과 복리 후생 부분을 요즘 MZ 세대가 공
감할 수 있도록 정리한 게 도움이 되었다고 생각해요.
그리고 제가 전심(全心)을 다해서 저희 회사의 비전, 하
고 싶은 것들을 설명했어요. 마치 그들이 사장이고 제
가 직원인 것처럼 말이죠.

우대 사항

· 본인 의사 표현에 자신감이 있고 상대방 의사도 존중
하는 인재
· 간식을 좋아하고 분석·기록이 가능한 인재
· 리더의 잘못에 적극적인 지적이 가능한 깨어있는 인재
· 기업 발전에 기여 시 휴가 요구! 보상도 요구하는 멋쟁이
인재

복리 후생

· 20년 근속 시 자녀 1인 대학 등록금 전액 지원
· 아침 잠 많으신 분 출근 시간 조정 가능
· 설마 회식하고 싶으신 분은 회식 가능
· 휴가를 중시하는 기업으로 10일, 20일 연속 휴가 가능

저자: 채용 공고의 우대 사항, 복리 후생을 감각적으로 잘 정리하신 것 같아요. 빈말이 아니라 진심이라는 생각을 했기에 지원자들이 꼭 입사하고 싶었을 거예요.

구수룡 대표: 지금은 어느덧 14명이 근무하는 회사가 되었고 매주 수요일 오후 1시가 되면 '스낵톡톡'이라는 사내 프로그램을 운영하고 있어요.

저자: 스낵톡톡이면 과자를 먹으면서 대화하는 시간인가요?

구수룡 대표: 네, 말 그대로예요. 다만, 딱딱하게 주제를 정해놓고 대화하지 않고 만나서 일단 먹으면서 이것저것 이야기를 나눕니다. 그렇게 이야기하다 보니 대부분의 이야기는 회사의 방향성이나 직원 애로 사항으로 수렴되더라고요. 여기서 중요한 것은 대표인 제가 어떠한 이야기라도 끝까지 듣고 공감하면서 할 수 있는 건 뭐든지 다 함께 해결해보려고 해요.

저자: 그러한 진심이 지금의 삼백육십오, 원팀을 만들었다고 생각되네요. 저도 다음에 스낵톡톡에 제3자 방청객으로 초대 부탁드립니다. (웃음)

구수룡 대표: 아, 얼마든지요. 간식도 무제한 제공입니다!

(웃음)

자금 확보와 재무 관리 능력(Fund raising)

저자: 대표님, 회사의 재무 관리는 현재 누가 담당하고 있나요?

구수룡 대표: 현재는 전부 제가 하고 있어요. 세세한 통장 관리까지도요. 유통업계에 있으면서 이러한 부분을 몸소 익힌 것도 있고 아직은 제가 같이 챙겨서 자금을 관리하고 확보해야 한다는 생각이 들어서요.

저자: 저도 동의합니다. 대표가 숫자를 볼 수 있어야 회사가 순탄하게 운영되더라고요.

구수룡 대표: 2019년에 창업해서 작년 9월까지 손익분기점을 달성하지 못했는데 얼마 전부터 플러스로 돌아서서 올해 3월에 처음 제 월급을 공식적으로 받아봤어요. 힘든 시기에도 직원 월급은 한 번도 늦어진 적이 없었다는 것에 나름 자부심을 가지고 있어요. 당연한 거지만요.

저자: 정말 불굴의 투지가 느껴집니다. 대표의 월급을 올해 3월부터 처음 받으셨다니. 앞으로 투자도 받으시고 사업 영역을 다양하게 확장하신다면 금방 성공의 무대에 서실 거라고 생각합니다. 감히 말씀드리지만, 지금의 대표님 의지만으로도 충분하다고 생각해요.

구수룡 대표: 최근 1년간 매출을 650% 향상시켰는데 올해 매출 목표는 46억 원이에요. 힘든 시기라고 하지만 결국 마음가짐의 문제라고 생각합니다. 어떻게든 해보려고 노력하는 자에게는 기회가 주어지기 마련이거든요.

저자: 네, 저도 동의합니다. 바쁘신데도 시간 내어 주셔서 감사드리고, 올해 김해시에서 삼백육십오의 플랫폼 비즈니스를 성공적으로 시작해보시죠!

대화가 끝난 이후에도 열정의 여운이 가시지 않았다. 창업 기업 대표님들을 만나 뵈면 늘 나의 삶을 돌아보게 된다. 나는 그들만큼 열정적으로 살고 있는지, 나의 하루는 성실했는지 말이다. 삼백육십오의 스낵365는 경상남도를 넘어 전국 간식 시장에 큰 반향을 불러일으킬 것이라고 믿어 의심치 않는다. 물론 글로벌 진출도 먼 이야기가 아닐 것이다.

창업은 일상이다

테라프릭스

지역에서 바이오 헬스 사업을 리딩하고 있는
'킥더허들'이 설립한 헬스&뷰티 분야의 연구소 기업

경상남도 김해시 관동로 14

뷰티의 새로운 역사를 그려가다, '테라프릭스'

'약사가 설계하다, 유산균 피토틱스' 제품으로 바이오 헬스 사업을 시작한 '킥더허들'. 이들은 어느 순간 '미션파 서블'이라는 유튜브 채널을 개설하여 86만 명 이상의 구독자를 확보하였고, 최근에는 MCN 사업부 소속 크리에이터들을 대거 영입하면서 킥더허들은 250만 팬덤을 확보하는데 성공하였다. 그리고 모회사의 사업화 성공 전략과 R&D의 결합을 통한 초고속 성장을 위해 '테라프릭스' 자회사를 설립, 연구소 기업으로 인증 받았다. 든든한 모회사가 있는 스핀오프(spin-off) 회사는 어떻게 만들어지고 운영되는지 소개하기 위해 테라프릭스의 문을 두드렸다.

< 테라프릭스 제품 >

< 테라프릭스 브랜드 >

창업은 일상이다

근황 토크

저자: 안녕하세요. 이사님. 오며 가며 자주 뵈었는데 이렇게 제대로 대화하기는 오랜만이네요. 어떻게 지내셨어요?

장현희 이사: 네, 안녕하세요. 팀장님. 저도 요즘 새롭게 뷰티(beauty) 사업에 뛰어들게 되어서 정신이 없네요.

저자: 네, 안 그래도 그 부분 때문에 인터뷰를 요청 드렸어요. 기존 킥더허들이라는 회사가 있고 새롭게 테라프릭스라는 회사를 시작하셨죠?

장현희 이사: 네, 맞습니다. 테라프릭스는 연구소 기업이고 작년 8월에 스티즈랩이라는 이름으로 첫 제품인 탈모 샴푸를 출시했어요. 메이저 대학에서 타깃 효능 맞춤형 기술을 이전 받으면서 연구 결과를 기반으로 제품을 런칭하고, 관리하기 때문에 소비자들의 반응이 좋은 편이에요.

저자: 역시 이미 한 회사를 성공 가도에 올려놓고, 새로운 회사를 시작하셔서 그런지 대화의 속도가 빠르네요. 제가 하나씩 여쭤볼게요!

창업 동기(Motive) 및 창업 기회 포착(Chance)

저자: 테라프릭스는 일반 창업 기업과는 다르게 시작하셨 잖아요. 이 부분 소개 좀 부탁드려요.

장현희 이사: 저희 회사는 모회사인 킥더허들이 출자를 했고, 기술 보증 기금이 보증을 서고 BNK 투자증권으로부터 사업 운영 자금 융자를 받으면서 시작했어요.

저자: BNK 투자증권이 킥더허들의 대주주니 테라프릭스 에도 투자를 한 거군요. 그러면서 연구소 기업이니 정부 지원 사업을 계속 해오신거고.

장현희 이사: 맞습니다. 그래서 시작이 다소 순조로웠고, 이렇게 별도의 회사를 시작하게 된 계기는 킥더허들이 디지털 헬스 케어 사업을 위해 첫 번째 단계인 e-커머스 영역에서 안정적인 캐시카우(cash cow)를 확보하는데 성공했어요. 현재는 플랫폼 형태로 확장하고 있는데 코로나 장기화로 인해 뷰티 케어 시장의 성장 궤도 진입 시점을 분석하였고, 성공 가능성이 높다고 생각했 습니다.

저자: 새로운 가능성을 보았고, 그것을 바로 실현해보기 위해 정말 빠르게 도전하신 거라고 생각해요.

장현희 이사: 확실히 모기업에서 경험했던 시행착오를 겪

을 필요가 없으니 성장 속도가 빠르더라고요. 이를테면 모기업에서 진행했던 마케팅 전략을 여기에도 적용했고, 모기업의 강점인 미디어 마케팅도 동일하게 적용해서 하고 있어요. 이외에도 제가 SM 그룹과 협력사로 활동 중인 엔터테인먼트 기업을 운영하고 있어서, 뷰티 케어 영역에서의 휴머니티 5.0[*] 마케팅을 시도하고 있습니다. 제품 특성에 맞게.

저자: 창업의 동기는 모회사에서 발견한 새로운 가능성, 그리고 그 기회는 연구소 기업 설립을 통한 안정적 자금 확보겠네요. 그리고 마케팅 하나부터 모두 모기업으로부터 전략을 이식받을 수 있는 것도 장점이고. 탈모 샴푸 런칭 이후 계획은 어떻게 되세요?

장현희 이사: 저희는 기업 산하 헬스와 뷰티에 관련한 소재를 개발하는 네트워크 사업단을 운영하고 있는데 현재 성균관대학교 약대 교수님께서 단장을 맡고 계세요. 즉, 여기 헬스엔뷰티(H&B) 전문가 네트워크 사업단을 통해서 브랜드 런칭 아이디어를 얻고, 테라프릭스에서는 4월에 아토피 브랜드를 출시하려고 해요.

저자: 경쟁 제품들이 정말 많을 것 같은데, 매출은 괜찮으

---

[*] 휴머니티를 지향한 기술 활용 시대(Philip Kotler)

신가요.

장현희 이사: 현재 탈모 제품의 경우에는 1일 최고 매출 1,500만 원까지 확인되었고, 뷰티 업계 평균 ROAS*가 200% 정도인데 저희 기업은 1,000%가 넘는 ROAS를 유지하려고 노력하고 있습니다. 저희 제품은 연구 결과 중심으로 홍보하고 판매하고 있어서 소비자에게 잘 어필되는 것 같습니다.

저자: 결국에는 킥더허들과 테라프릭스의 시너지가 창출되는 구조로 개인화 서비스를 하실 것 같네요.

장현희 이사: 그렇죠. 결국엔 유동성이 높은 시장에서 바이오 헬스, 뷰티, 나아가 헬스와 뷰티 케어 사업도 환경적 이슈에 대한 트래픽이 발생하는 분야기 때문에 종합적인 통합 관리 솔루션을 제공하는 것이 목표긴 합니다. 너무 욕심쟁이인가요. (웃음)

창업 팀 구성(Team)

저자: 테라프릭스 멤버는 어떻게 구성되었나요.

장현희 이사: 킥더허들의 1세대 연구소장이 대표이사직을 맡고 계시고, 저는 킥더허들과 테라프릭스의 연구소

---

* 광고비 대비 매출액(return on ad spend)

를 중앙연구소로 통합하여 연구소장직을 수행, 테라프릭스의 기획, 매출 관리, 제휴 등 전방위적인 업무를 관리하고 있습니다.

저자: 아, 모회사의 두 분이 이곳 테라프릭스 팀 빌딩 멤버로 시작하신 거군요. 그럼 지금 몇 명이 근무하고 있어요?

장현희 이사: 현재는 9명인데 계속해서 추가 채용할 예정이에요. 좋은 분 있다면 소개 부탁드려요. 특히 뷰티 분야에 관심 있다면 충분히 자신의 젊음을 투자해 봐도 좋을 회사라고 장담합니다.

저자: 네, 분명 그럴만한 가치가 있는 회사라고 생각해요. 저도!

뷰티케어 브랜드 연구개발&마케팅 능력을 보유한 스타트업

RESOURCE ENGINEER
JW, PARK
CEO / 경영 총괄

BIOLOGIST
RICHARD JH PARK
CMO / 글로벌 총괄

ENVIRONMENTAL ENGINEER
HH, JANG
CTO / R&D 총괄

• < 테라프릭스 경영진 >

자금 확보와 재무 관리 능력(Fund raising)

저자: 현재 자금 관리는 어떻게 하고 계세요?

장현희 이사: 저희는 시작하자마자 모기업 자금 출자, 민간 기관 융자 등을 통해 자금을 조달 받았기 때문에 해당 금액을 상환하면서 회사를 운영하고 있어요. 그래서 올해 4월부터 흑자로 전환되고, 11월 정도면 기업의 매출 구조가 안정기에 접어들 것으로 예상하고 있어요.

저자: 이미 킥더허들에서 숫자 관리를 직접 해보셔서 이번 회사도 무리 없이 스스로 하고 계시겠네요?

장현희 이사: 맞습니다. 이미 소위 말하는 산전수전을 다 겪어서 지금은 보다 손쉽게 하고 있어요. 이를테면 제품을 개발하는데 얼마가 필요하고 순수익은 얼마일지 등 산출하는 건 익숙한 일이 되었어요. 아, 그리고 저희 회사에서는 관리자급은 모두 재무제표를 볼 수 있도록 교육을 하고 있어요. 이 부분도 크게 도움 되었던 것 같아요.

저자: 나중에 가능하시다면 관리자급 대상으로 재무제표 교육을 어떻게 하셨는지 말씀해주시면 좋을 것 같아요. 저희 창업카페에 '실전에서 바로 써먹을 수 있는 재무제표 보는 법' 같은 강의를 개설하고 싶거든요.

장현희 이사: 제가 도움이 된다면 기꺼이 도와드려야죠.

(웃음)

저자: 앞으로 계획은 어떠세요.

장현희 이사: 현재는 투자보다는 대출 형식의 자금 확보에 주력하려고 해요. 투자를 받으면 사업 영역을 확대하는 것에 제약을 받을 수 있거든. 아무래도 창업 기업은 신사업 기획을 통해 다양한 분야에 도전을 해야 하는데, 브랜드 런칭이나 기타 운영적인 부분에 있어서 승인 절차와 같은 소요 시간이 늘어나게 됩니다.

저자: 네, 아무래도 그런 부분이 우려되면 기술 보증 기금으로부터 보증을 받고 자금을 확보하는 편이 좋지요. 이사님과의 대화를 통해 모기업이 출자한 연구소 기업 운영 형태를 알 수 있어서 좋았습니다. 앞으로도 김해시에서 사업이 번창할 수 있도록 지원하겠습니다.

장현희 이사: 항상 감사드리고 올해 함께 의미 있는 프로젝트를 많이 해보면 좋겠습니다.

　확실히 달랐다. 창업 초기 기업 운영부터 제품을 런칭하고 마케팅하는 것까지. 모회사의 노하우가 고스란히 반영되었고, 불필요한 시행착오는 겪지 않았다. 우리 지역의 모든 창업 기업들이 테라프릭스처럼 시작하고 성과

를 창출하면 어떨까라는 생각을 했다. 그렇기 때문에 김
해창업카페 존재하는 것이고, 이곳을 통해 모든 창업 기
업들이 시행착오는 최소화하고 필요한 노하우는 습득하
길 진심으로 바란다.

창업은 일상이다

크리스틴컴퍼니

복잡한 신발 제조 공정을 온라인으로 통합하는
스마트 제조 플랫폼을 만들어가는 혁신 기업

경상남도 김해시 김해대로 2232 김해창업카페

신발에 '찐'인 사람들, '크리스틴컴퍼니'

복잡한 신발 제조 공정을 온라인으로 통합하는 스마트 신발 제조 플랫폼을 만들어가는 기업, '크리스틴컴퍼니'. 이들은 브랜드부터 기획, 제조, 유통, 그리고 마케팅까지 슈즈 시장에 특화된 경쟁력으로 신발 제조 시장의 지각 변동을 일으키고 있다. 김해창업카페를 대표하는 청년 기업이자 경상남도 창업 생태계의 모범 사례가 되어가고 있는 크리스틴컴퍼니를 만나 보았다.

• < 크리스틴컴퍼니 CEO 이민봉 대표 > • < 크리스틴컴퍼니 브랜드 이미지 >

근황 토크

저자: 최근에 결혼하신 것으로 알고 있는데 축하드립니다. 더 바쁘시겠네요.

이민봉 대표: 덕분에 결혼식 잘 치를 수 있었습니다. 감사합니다. (웃음)

저자: 크리스틴컴퍼니는 본사는 김해에 두고 있지만 서울, 부산을 오가시는 것으로 알고 있는데 하루 일과가 어떠신

창업은 일상이다

지요.

이민봉 대표: 네, 맞습니다. 저희 크리스틴은 본사인 김해, 디자인팀이 있는 서울 지점, 개발과 연구를 담당하는 부산 연구소. 이렇게 세 곳에 사무실이 있다 보니 매주 전국을 오가고 있습니다. (웃음)

저자: 각기 다른 지역 총 세 곳의 거점을 운영하시려면 정말 정신없으실 것 같아요. 현재 크리스틴컴퍼니 조직 구성은 어떻게 되시는지요.

이민봉 대표: 현재 총 16명이 함께 일하고 있고, 조직은 디자인팀, 마케팅팀, 연구개발팀, 생산물류팀으로 구성되어 있어요. 조직 구성은 시기별 필요에 따라 지속적으로 개편하고 있는 상황입니다.

저자: 아무래도 빠르게 성장하고 계시니 그러실 것 같아요.

창업 동기(Motive)

저자: 과거 대기업에 재직하신 것으로 알고 있는데 굳이 안정적인 직장을 그만두고 창업하신 이유가 있으실까요.

이민봉 대표: 저는 LG유플러스에 신입 공채로 입사해서 서울 용산 본사 전략팀에서 5년 정도 일했어요. 소위

신의 직장이라고 불리는 통신사에서 안정적으로 일했지만 꿈을 포기할 수 없더라고요.

저자: 꿈이요? 안정적인 직장을 박차고 나올만한 꿈이 궁금하네요.

이민봉 대표: 어린 시절부터 신발에 관심이 많았어요. 제가 좋아하는 신발을! 영위하는 우리나라 신발 산업을 다시 살리기 위해서 제가 할 수 있는 일이 무엇인지 늘 고민하고 있었어요. 우리나라를 대표하는 패션 슈즈 브랜드를 만드는 것, 그리고 30년 동안 고착화된 신발 산업을 첨단화하는 것 두 가지를 이루기 위해서 과감하게 그만두게 되었습니다.

저자: 자신이 관심 있고 좋아하는 일을 하는 사람만큼 행복한 사람은 없다고 생각합니다. 그런 의미에서 대표님은 행복한 사람이라고 생각해요. 만약 자식이 원한다면, 창업을 권하실 의사가 있으세요?

이민봉 대표: 자신이 좋아하는 분야에 대한 창업이라면 추천할 예정이에요. 단, 후회하지 않을 자신은 본인의 몫이라고 생각해요.

창업은 일상이다

창업 기회 포착(Chance)

저자: 창업 동기가 있다고 하더라도 실제 창업으로 연결되는 '기회'는 별도로 있더라고요. 이를테면 예비 창업 패키지에 선정되어서 시제품 제작비를 지원받는 경우 말이죠. 크리스틴컴퍼니의 창업 기회는 무엇이었고, 어떻게 포착하셨나요.

이민봉 대표: 저는 특별한 기회보다는 꿈을 향해서 단계적으로 목표를 세웠고 세운 목표에 따라서 한 단계 한 단계 움직였던 것 같습니다. 저는 초기에는 회사를 다니면서 모은 돈으로 올인하였습니다. (웃음)

저자: 모은 돈으로 사업을 시작하셨다는 거죠?

이민봉 대표: 네, 제가 사회생활을 하면서 번 돈 5천만 원과 대출받은 돈 2억 원으로 사업을 시작했어요. 이후에 초기 창업 패키지에 선정되면서 지원금을 받기는 했지만요.

저자: 정말 용기 있는 도전이네요. 이미 그 용기만으로도 창업의 성공을 어느 정도는 보장하는 것 같습니다. 말씀해주신 부분 이외에 크리스틴만의 창업 기회를 발굴한 부분이 있으실까요.

이민봉 대표: 사업 초기에는 전통적인 산업을 한다는 것

과 신발 브랜드 사업을 한다는 것에서 많은 분들이 회의적이었고 심지어 조롱도 당했습니다. 하지만 저희가 만든 브랜드가 에비뉴엘 명품관에 입점하면서부터 저희를 바라보는 시각이 많이 바뀌게 되었습니다. 그때부터 저희도 더욱 자신감을 가지고 사업에 몰입할 수 있었습니다.

저자: 조롱을 당하기도 하셨지만 명품관에 입점하셨다니. 중간에 뭔가의 스토리가 빠진 것 같아요.

이민봉 대표: 아, 그런가요. (웃음) 저희는 초창기부터 SNS 마케팅에 집중했었어요. 그래서 실제 판매를 하자마자 어느 정도의 팬덤이 있어서 바로 잘 팔리기도 했고요. 고객 중 한 분이 백화점 바이어(buyer)였는데, 이 분을 통해서 명품관 지하 광장을 활용해서 신발을 판매할 기회를 얻었어요. 당시 아나운서와 유튜버들이 저희 제품을 직접 소개하고 판매했는데, 사람들이 너무 붐비고 시끄러워서 신동빈 회장님까지 오셔서 둘러보셨던 기억이 납니다.

저자: 롯데그룹 신동빈 회장님이요?

이민봉 대표: 네, 맞아요. 회장님 이하 임원진들이 만족해하셨고, 다음 날 바로 명품관 공식 입점 요청을 받게 되었습니다.

저자: 그야말로 생생한 창업스토리네요. 이게 우연한 기회라기보다는 누구보다 사전 준비를 철저하게 한 결과라고 생각합니다. 또한 대표님은 창업 분야에 대해 과거로부터 오랜 고민이 있으셨으니까 이 모든 것이 가능했다고 생각해요.

창업 팀 구성(Team)

저자: 아, 제가 처음에 여쭤보려고 했는데 '크리스틴컴퍼니'라는 사명은 어떻게 만들어진 것인가요.

이민봉 대표: 저와 CTO님이 창업 전에 고민하면서 네이밍 해두었던 회사명으로 '크리스틴'은 전 세계적으로 여성을 통칭하는 christine과 남성을 통칭하는 kris의 합성어로 남녀 모두를 조화롭게 아우른다는 뜻입니다. 저희가 지향하는 다양성과 평등의 가치까지 내포하고 있어서 스스로 참 잘 지었다는 생각을 하고 있습니다. (웃음)

• < 크리스틴컴퍼니 신발 제조 공장 모임 현장 >

저자: 국내를 넘어 세계 시장까지 섭렵하겠다는 의지가
담긴 사명으로 보이네요. (웃음) 아까 말씀하신 CTO님
은 친동생으로 알고 있는데요, 어떻게 함께 하시게 되
었나요.

이민봉 대표: 저는 경영, 마케팅 분야는 자신 있지만 기술
쪽으로는 문외한이라 해당 분야 전문가가 필요했어요.
동생은 삼성소프트웨어연구소에 있으면서 향후 개발
자의 길을 걷기 위해 준비하고 있었는데, 우리 두 사람
모두 '세상을 이롭게 해보자'라는 큰 방향성에 공감해서
최종적으로 함께 할 수 있었어요. 지금은 CTO님이 저
보다 더 만족해하며 열정적으로 하고 계셔서 저도 정말
좋습니다.

창업은 일상이다

저자: 그 외에 창업 초기부터 함께하신 멤버가 있으신가요?

이민봉 대표: 초기에는 저희 두 사람이 모든 것을 도맡아 했고 2년 차부터는 사회생활을 하면서 만난 분부터 동창까지 전반적으로 우수한 인재를 영입하기 위해 노력했어요. 올해는 더 많은 인재분들을 채용하고 회사를 키워 나가볼 계획입니다.

저자: 올해 더 성장할 크리스틴컴퍼니의 모습, 제가 더 기대되네요. 혹시 크리스틴만의 조직 문화나 인재상이 있을까요?

이민봉 대표: 저희 회사 인재상은 단순히 돈만 벌기 위해서 일을 하는 사람이 아닌 사회 전반에 선한 영향력을 발휘하고 싶어 하는 사람이에요. 이런 생각을 가진 사람이라면 스스로 실력도 겸비하고, 자신의 일에 책임도 지게 되더라고요.

저자: 일종의 사명 같은 것을 중요하게 생각하시는 거네요.

이민봉 대표: 네, 맞아요. 더 큰 그림을 함께 그려나갈 분들이기에 출근해서는 모든 사람들이 상호 수평적인 관계로 일을 합니다. 특정 분야에 의견이 있다면 언제든지 목소리를 낼 수 있도록 분위기를 만들고 있죠.

저자: 아마 크리스틴컴퍼니를 아는 분들이라면 무조건 함께 일하고 싶을 거라는 생각이 듭니다. 저도 좋은 인재

가 있다면 추천 드릴게요!

자금 확보와 재무 관리 능력(Fund raising)

저자: 현재 회사의 재무 관리는 누가 하고 계신지요. 대표님이 직접하고 계신다면 힘들지 않으신지 궁금하네요.

이민봉 대표: 회사의 재무 관리는 직접 관리하고 있습니다. 사실 제가 금융 회사 경험도 있고, LG유플러스 전략팀에서도 돈을 다루는 일을 했었기에 기본적으로 재무 관리에 대한 개념은 있습니다.

저자: 창업 기업 대표님들을 만나보면 '투자'에 대한 개념 자체를 어려워하시는 경우가 많더라고요. 반면 크리스틴컴퍼니는 시드 머니를 네이버로부터 유치하셨으니 정말 대단하다고 생각해요. 특별한 노하우가 있으시다면 소개 부탁드려요.

이민봉 대표: 단순히 유행하는 분야를 사업 아이템으로 정하지 않고, 한길만 꾸준히 신발 분야에 대해 고민하고 노력했던 점을 크게 봐주신 것 같아요. 또한 신발 분야는 제가 최고봉이라는 생각으로 자신 있게 회사와 아이템을 소개할 수 있었고, 어떠한 질문에도 당황하지 않고 성실히 답변한 것이 도움 됐다고 생각합니다. 아,

그리고 제가 사실 사람들 앞에서 발표하는 것을 조금 즐기기도 해요. (웃음)

저자: 결국은 창업 아이템에 대한 대표자의 전문성이 가장 중요하다는 생각이 드네요. 그리고 여기에 커뮤니케이션 역량까지 갖춘다면 유리하다는 조언! 저도 잘 새겨듣겠습니다.

이민봉 대표: 한 가지 더. 대표가 숫자에 밝아야 빠르고 현명한 의사 결정을 할 수 있다고 생각합니다. 개인적으로 숫자를 좋아하는 편은 아닌데 제가 좋아하는 일을 더 즐겁게 하기 위해서 늘 가까이 하려고 노력 중입니다.

저자: 네, 지당한 말씀이십니다. 최근에 추가로 15억 원 투자 유치하신 거 축하드리고, 앞으로 김해에서 더 의미 있고 더 큰 성과를 낼 수 있는 방향으로 함께해요. 감사합니다.

이민봉 대표: 네, 항상 응원해주셔서 감사합니다!

진정성 담긴 대화는 사람을 항상 기분 좋게 한다. 이민봉 대표와의 대화가 그렇다. 창업카페에서 동고동락한 지 이제 만 1년이 지났고, 지금은 단순 지역 기업을 넘어 글로벌 기업으로의 성장을 꿈꾸게 되었다. 그의 발걸음에 창업카페가, 우리 김해시가 조금이나마 보탬이 될 수 있도록 나 또한 항상 진심을 다해보려고 한다. 창업 기업의 미래는 곧 대한민국의 미래기 때문이다.

청년 창업 활성화를 위한
로드맵 구상

일반적으로 성공 창업을 위해서 총 3가지가 필요하다고 한다. 사람, 자금, 인프라. 어쩔 수 없이 지방은 수도권보다 3가지 모두 열악할 수밖에 없다. 일단 지방은 인구 자체가 절대적으로 적을 뿐더러 청년들은 꾸준히 수도권으로 떠나고 있는 실정이다. 또한 창업을 위한 정부 지원금 자체가 수도권에 쏠려 있으며 투자자들도 지방보다는 수도권으로 눈길을 돌린다. 지역 간 균형 발전을 위해서 지방에도 다양한 인프라가 생겨나고 있지만 여전히 부족한 현실. 그렇다면 지방에서 청년 창업 활성화를 위한 로드맵을 어떻게 그려나갈 수 있을까.

(창업 문화 확산) 첫째, 창업 관심자를 위한 온·오프라인 상담 창구가 365일 운영되어야 한다.

창업, 그게 뭔데?

뭐부터 시작해야 되지?

간단한 아이디어가 있는데 어떻게 시작하는 거지?

무담보로 돈을 빌려주기도 할까?

이 분야에 성공한 창업가를 만나고 싶은데 어떻게 해야 하지?

누구나 언제든지 창업 상담을 할 수 있는 공간, 유선 전화번호가 있다면 창업의 문턱을 낮출 수 있고, 나아가 창업 생태계를 견고하게 만들 수 있다. 아직도 여전히, 대다수의 사람들은 '창업은 내가 갈 길이 아니야', '난 창업 잘 몰라. 어서 취업 해야지. 무슨 소리야'라는 반응이 많다. 특히 지방에는 더더욱. 이러한 문제를 타파하기 위한 첫 단추는 온·오프라인 상담 창구다. 지역마다 운영되고 있는 창업 지원 기관에서 창업 상담 프로그램을 운영한다고 할지라도 창업 상담만 전문으로 하는 인력이 주 5일 동안 상담만 하고 있는 경우는 본 적이 없다. 대부분 인력 운영의 어려움 때문에 주 1회 또는 아예 안 하는 경우도 많다. 요즘 대세로 자리 잡은 메타버스를 활용하여 상담 창구를 운영한다면 효과적일 것이라고 생각한다. 지역에서 창업 문화를 확산하기 위해서는 창업의 문턱을 낮추는 것이 가장 빠른 길이다.

(인재 확보) 둘째, 지역별 인재 매칭 서비스를 실시해야 한다. 결국 모든 일은 '사람'이 한다. 즉, 좋은 인재를 적시에 얼마만큼 확보하느냐가 성공 창업의 관건이다. 지방에서는 소위 말하는 좋은 개발자 1명 구하기가 하늘의 별 따기라고 하니 외주에 의존할 수밖에 없고, 결국 수도권에 문을 두드리게 된다.

이를 해결하기 위해서는 정부가 나서서 수도권의 유수한 인재들이 지방으로 가서 일할 수 있는 여건을 만들어줘야 한다. 이를테면 정주 환경 마련뿐만 아니라 지역 창업 기업이 감당하기 힘든 인건비를 일정 기간 지원해주는 것도 큰 도움이 될 것이다. 나아가 정부와 지방자치단체는 창업 기업에 단순히 인건비만 지원해줄 것이 아니라 어떻게 하면 좋은 인재가 지역을 떠나지 않을 것인지, 어떻게 하면 좋은 인재를 지역으로 유치할 수 있을 것인지 고민해봐야 한다.

이 정도의 혁신적인 인재 매칭 서비스를 실시하지 않는다면 지역에서는 소수의 창업 성공 사례에만 열광해야 하며 어쩌다 한 번씩 발생하는 수도권 기업의 지방 이전만 목 놓아 기다릴 수밖에 없다.

(네트워크 및 트렌드) 셋째, 정기적으로 포럼을 운영해야 한다. '포럼'이라는 말이 거창하게 보일 수 있지만 매월 셋째 주 목요일은 '창업 포럼 하는 날'로 지정하여 정기적으로 운영한다면 창업 기업, 관련 전문가, 예비 창업자, 대학생 등 모든 사람들이 모여들 것이다. 사실 이 조언은 한국엔젤투자협회 고영하 회장님께서 해주셨는데, 굉장히 일리 있는 말씀이라고 생각한다. 지역별로 창업을 주제로 함께 이야기 나눌 수 있는 사람들이 정기적으로 모인다면 자연스레 네트워크가 형성될 것이며 최신 트렌드도 쉽게 접할 수 있을 것이다.

장기적인 관점에서 본다면 지역 창업 경쟁력은 이러한 '포럼'을 자원으로 보유하고 있느냐가 관건이 될 것이라고 생각한다. 포럼의 첫 시작은 특정 기관에서 할지라도 향후에는 자연스럽게 모여드는 사람들 사이에서 입소문을 타고 참가자가 주체가 되는 포럼으로 반드시 거듭날 것이다. 그래서 김해시에서도 작년 하반기부터 창업 포럼을 시작했으며 올해는 비대면으로나마 지속 운영하기 위해서 메타버스 공간까지 구축한 상황이다.

365일 온·오프라인 상담 창구 운영을 통한 창업 문화 확산, 인재 확보를 위한 지역별 인재 매칭 서비스 실시, 정기적인 포럼 운영을 통한 견고한 네트워크 형성 및 트렌드 학습이 이루어진다면 지역 창업 생태계의 미래는 밝아질 것이라고 생각한다.

고마운 사람들

「창업은 일상이다」 집필 도전을
흔쾌히 허락해주신
홍성옥 원장님

자나 깨나 창업카페 운영을 위해
현장에서 고생하고 계신
팀 사람들

책 집필과 홍보를 적극적으로 응원해주신
김해시 투자유치과 분들

크라우드 펀딩을 통해
출간 자금을 확보할 수 있도록 함께 기획해주신
인트윈

책이 이 세상에 탄생할 수 있도록

펀딩 투자로 응원해주신

나의 지인들

부족한 글을 다듬고,

올바른 길로 수정할 수 있도록 조언해준

나의 아내

새벽마다 키보드 두드리는 소리에도 깨지 않고

평안한 밤을 보내준

세 아이

마지막으로 나를 믿고 기꺼이 인터뷰에 응해주신

9개 기업 대표님들,

모두 진심으로 감사합니다.

창업은 일상이다

ⓒ 심규진, 2022

초판 1쇄 발행 2022년 5월 11일

지은이   심규진
펴낸이   이기봉
편집   좋은땅 편집팀
펴낸곳   도서출판 좋은땅
주소   서울특별시 마포구 양화로12길 26 지월드빌딩 (서교동 395-7)
전화   02)374-8616~7
팩스   02)374-8614
이메일   gworldbook@naver.com
홈페이지 www.g-world.co.kr

ISBN   979-11-388-0908-5 (03320)